Das Buch
Sie sind lustig, überraschend und persönlich: Immer häufiger weichen Todesanzeigen von den Formen ab, die lange galten. In diesem Buch stellen Christian Sprang und Matthias Nöllke die ungewöhnlichsten vor. Sie handeln von Trauerfeiern (»Streuselkuchenfuddern gibbet nich«), von denkwürdigen Hobbys (»Mit deinen Tomaten bist du uns oft auf die Nerven gegangen«) und von letzten Gesprächen (»Noch eins: Ich habe dich nicht ins Heim gebracht.«). Sie stammen von Freunden (»Wenn wir Kohlrouladen riechen, denken wir an Herbert«) – und manchmal auch vom Verstorbenen selbst (»Ich habe diese schöne, bucklige Welt verlassen«). Wer diese Fundstücke betrachtet, stellt fest, wie sich der Umgang mit dem Tod gerade in den vergangenen Jahren immer mehr verändert hat.

Die Autoren
Christian Sprang, Dr. phil., hat als Student angefangen, besondere Todesanzeigen zu sammeln. Seit 2003 betreibt er die populäre Webseite *todesanzeigensammlung.de.* Beruflich ist der promovierte Musikwissenschaftler Justiziar des Börsenvereins des Deutschen Buchhandels und Professor für Medienmärkte an der accadis Hochschule Bad Homburg.
Matthias Nöllke, Dr. phil., arbeitet für den *Bayerischen Rundfunk* und ist Autor zahlreicher Bücher, mal sachlich, mal unterhaltsam, zum Beispiel: »Machtspiele«, »Vielen Dank an das gesamte Team. 111 unvermeidliche Sätze fürs Berufsleben« und »Ich WILL mich aber aufregen!«.

Christian Sprang und Matthias Nöllke

Eine tapfere Leber hat aufgehört zu arbeiten

Ungewöhnliche Todesanzeigen

Kiepenheuer & Witsch

Aus Verantwortung für die Umwelt hat sich
der *Verlag Kiepenheuer & Witsch* zu einer
nachhaltigen Buchproduktion verpflichtet.
Der bewusste Umgang mit unseren Ressourcen,
der Schutz unseres Klimas und der Natur gehören
zu unseren obersten Unternehmenszielen.
Gemeinsam mit unseren Partnern und
Lieferanten setzen wir uns für eine klimaneutrale
Buchproduktion ein, die den Erwerb
von Klimazertifikaten zur Kompensation
des CO_2-Ausstoßes einschließt.

Weitere Informationen finden Sie unter
www.klimaneutralerverlag.de

2. Auflage 2022

© 2022, Verlag Kiepenheuer & Witsch, Köln
Alle Rechte vorbehalten
Covergestaltung: Barbara Thoben, Köln
Gesetzt aus der Trade Gothic
Satz: Wilhelm Vornehm, München
Druck und Bindung: GGP Media GmbH, Pößneck
ISBN 978-3-462-00260-7

Inhalt

	Minidramen, Kleinkunst, Wellnesstrauer und menschliche Abgründe	7
01	»Martin, du warst der Allergeilste!« Starker Abgang	11
02	»Alles scheiße« Bittere Bilanzen	22
03	»Noch eins: Ich habe dich nicht ins Heim gebracht.« Letzte Gespräche	34
04	»Im Ernstfall lasst mich gehen.« Anzeigen mit ungewöhnlichen Fotos	47
05	»Die Trauerfeier findet in Musterhausen auf dem Musterfriedhof statt« Kleine Fehler und Missgeschicke	61
06	»Wer kennt noch dieses zweihändige Arbeitswunder?« Berufliches	69
07	»Streuselkuchenfuddern gibbet nich'!« Trauerfeiern	90
08	»Mit Liebe und Kartoffelsalat« Familienleben	99
09	»Du bleibst das Bobby« Anzeigen für Insider	119

10	»Besonderer Dank gilt dem Rotwein, der uns über 90 Jahre hat leben lassen«	129
	Danksagungen	
11	»This account has been canceled«	140
	Grafisch auffällige Anzeigen	
12	»Mit deinen Tomaten bist du uns oft auf die Nerven gegangen«	155
	Denkwürdige Hobbys	
13	»Eine tapfere Leber hat aufgehört zu arbeiten«	167
	Mitteilungen über Todesursachen	
14	»Ich habe diese schöne, bucklige Welt verlassen«	179
	Selbstanzeigen	
15	»Alles ist schwierig, bevor es leicht wird«	189
	Anzeigen mit besonderem Motto	
16	»Wenn wir Kohlrouladen riechen, denken wir an Herbert«	200
	Anzeigen von Freunden	
17	»Wie eine Kuh mit vielen Eutern«	212
	Gedichte im Trauerrand	
18	»Sagt ihnen, ich wurde beim Zigarettenholen vom Pferd geschossen«	224
	Anzeigen von bekannten und markanten Persönlichkeiten	
19	»Ich vermisse uns!«	235
	Allerlei Paare	
20	»Meiky ging über die Regenbogenbrücke«	246
	Haustiere und ihre Mitmenschen	
21	»Und grüße uns John Wayne!«	256
	Der Nachschlag	
	Nach- und Dankeswort des Sammlers	267

Minidramen, Kleinkunst, Wellnesstrauer und menschliche Abgründe

Da sind wir wieder. Nach neun Jahren, in denen sich die Welt rasant verändert hat, melden wir uns zurück mit einer neuen Sammlung ungewöhnlicher Todesanzeigen. Dabei hatten wir angenommen: Nach der Trilogie »Aus die Maus«, »Wir sind unfassbar« und »Ich mach mich vom Acker« dürfte es in den nächsten hundert Jahren kein Buch mehr geben, das sich mit diesem Thema beschäftigt. Zumindest ich war fest davon überzeugt. Bei meinem Co-Autor Christian, dem eigentlichen Hüter der Sammlung, hatte ich schon früh die Bereitschaft bemerkt, noch ein viertes Buch zusammenzustellen. Ehrlich gesagt hege ich den Verdacht, dass er schon bei der Formulierung des Nachworts unseres letzten Buchs davon ausgegangen ist: Da geht noch mal was.
Ich hingegen war skeptisch. Dass unsere Leserinnen und Leser uns ein weiteres Mal mit erstklassigen Anzeigen überhäufen würden, noch dazu mit Anzeigen, die nicht eine blasse Kopie der Meisterstücke unserer ersten drei Sammlungen sein würden, das schien mir sehr unwahrscheinlich.
Ich habe mich getäuscht. In den neun Jahren sind tatsächlich Tausende von neuen schönen Stücken bei Christian eingegangen. Viele sind einzigartig. Als wir sie uns näher angeschaut haben, ist uns aufgefallen: Die Anzeigen haben sich insgesamt gewandelt. Und das liegt nicht allein an den neuen technischen Möglichkeiten, die es erlauben, Anzeigen in Farbe zu schalten und ins Internet zu stellen, wo sie von jedem abgerufen und kommentiert werden können. Auf manchen Webseiten besteht sogar die Möglichkeit, für

die Verstorbenen virtuell »eine Kerze anzustecken«. Was so viel heißt wie: Man muss auf einen entsprechenden Button klicken – und schon hat man eine Gedenkkerze entzündet. Auf diese Weise begleitet einen das gnadenlose Prinzip von »Social Media« bis über das Grab hinaus. Auch das eigene Ableben bewahrt uns nicht davor, dass jeder sehen kann, wie viele »Follower« wir am Ende noch haben. Doch auch wenn die anderen sich dabei nicht die Finger verbrennen können: Allzu viele Kerzen werden da meist nicht angesteckt.

Was jedoch die eigentlichen Todesanzeigen angeht, so sind sie in jeder Hinsicht bunter und vielfältiger geworden. Darüber hinaus lassen sich nicht weniger als fünf teilweise gegenläufige Trends beobachten. Die waren zwar vorher auch schon vorhanden, schlagen aber erst jetzt so richtig durch.

So gibt es eine ganze Reihe von Anzeigen, die in ihrer Schroffheit und Direktheit früher undenkbar gewesen wären. Dass »alles scheiße« gewesen ist, dass jemand »keine Lust mehr« hatte oder qualvoll zugrunde gegangen ist, das wird keineswegs verschwiegen. Selbstmord, Mobbing, Unfälle, Verbrechen, Vereinsamung, schwere Krankheiten, Sterbehilfe, all das kommt nun zur Sprache. Nachzulesen vor allem im Kapitel »Bittere Bilanzen«, das durchaus noch sehr viel umfangreicher und bitterer hätte ausfallen können.

Zugleich aber gibt es in anderen Anzeigen eine entschlossene Gegenbewegung, nämlich die ausgeprägte Neigung, alles bloß nicht so schwer zu nehmen. Tod und Sterben werden nicht verklärt, eher werden sie banalisiert. Da sind die Verstorbenen vorausgefahren, aufgebrochen zu einer Art Wellnessurlaub, sie sollen schon mal den Grill anwerfen oder das Bier kaltstellen und den einen oder anderen Platz für die Hinterbliebenen freihalten. Wie die Liegestühle am Hotelswimmingpool mit dem Badehandtuch. Zahlreich sind die Hinweise, dass der Verstorbene jetzt endlich dazu kommt, es sich gut gehen zu lassen und seine Hobbys zu pflegen. Wird eine Trauerfeier angekündigt, dann soll die möglichst gut gelaunt über die Bühne gehen. Trauerkleidung ist ausdrücklich unerwünscht. Lasset die Feierbiester kommen. Angesichts des Todes soll Trauer möglichst vermieden werden, was die ganze Angelegenheit jedoch umso verdächtiger macht. Wenn ein geliebter Mensch stirbt, ist die naheliegende Reaktion ja nicht unbedingt, in Partylaune zu verfallen. Und so sind diese Anzeigen weniger ein Zeugnis heiterer Gemütsruhe, sondern eher das Gegenteil davon. Die Unfähigkeit zu trauern, hier bricht sie sich auf ganz neue Weise Bahn.

Als dritten Trend verzeichnen wir die »Selbstanzeigen«. Immer häufiger melden sich die Verstorbenen selbst zu Wort. Um sich zu verabschieden, um ihre Sicht der Dinge darzulegen, letzte Weisheiten kundzutun, Trost zu spenden, grimmige Scherze zu machen, aus dem Jenseits zu berichten oder sich in Familienstreitigkeiten einzumischen. Bei einigen dieser Anzeigen muss man annehmen, dass sie tatsächlich vorformuliert sind, also vorsorglich bei den Angehörigen oder beim Bestatter des Vertrauens deponiert wurden. Bei anderen ist das eher zweifelhaft, um nicht zu sagen: Es ist ausgeschlossen. Doch ist für uns besonders reizvoll zu sehen, was sich die Hinterbliebenen da zusammenfabuliert haben und was sie den Verstorbenen so alles andichten.

Die eigene Fantasie ist gefragt, wenn es um den vierten Trend geht: das Weglassen. Viele Anzeigen belassen es bei Andeutungen. Wesentliche Informationen kommen nicht mehr vor oder sie werden verrätselt. Wer trauert hier um wen? Wer ist überhaupt gestorben? Wann? Und wo? Gibt es eine Trauerfeier? Am Ende dieser Entwicklung steht vermutlich die vollständig weiße Anzeige, ohne Namen der Verstorbenen, ohne Geburts- und Sterbedatum, ohne Hinterbliebene, ohne Worte der Trauer, des Trosts, der Wut, der inneren Leere oder der Anteilnahme. Vielleicht gibt es nicht mal einen Trauerrand. Eine solche Anzeige haben wir zwar noch nicht entdeckt, aber in dieser Sammlung gibt es einige Exemplare, die dem schon recht nahekommen.

Damit geht ein fünfter Trend einher: Die Anzeigen richten sich nur noch an die eigenen Leute, an Eingeweihte, an Menschen aus der eigenen »Blase«, wie man so sagt. Und diese Blase kann manchmal erstaunlich klein sein, sie ist eher ein Bläschen. In einzelnen Fällen drängt sich sogar der Verdacht auf, dass sie ganz und gar leer ist. In jedem Fall sind solche Anzeigen für Außenstehende unverständlich oder rätselhaft. Und genau so ist es wohl beabsichtigt.

Das ist eine bemerkenswerte Verschiebung, denn üblicherweise richtet sich eine Todesanzeige ja nicht an diejenigen, die ohnehin schon Bescheid wissen. Vielmehr sollen das Ableben eines bestimmten Menschen und die Trauer um ihn öffentlich und allgemein bekannt gemacht werden. Das ist auch heute noch die Regel. Und doch finden sich mehr und mehr Anzeigen, in denen sich die Hinterbliebenen namentlich nicht mehr zu erkennen geben. Allenfalls nennen sie ihren Vornamen. Häufig bleiben sie jedoch anonym.

Noch erstaunlicher sind die Anzeigen, bei denen auch der oder die Verstorbene nicht mehr namentlich genannt wird, höchstens noch beim Spitznamen. Um wen es sich da handelt, lässt sich manchmal nur noch am Geburts- und Sterbedatum entschlüsseln. Wenn man diese Daten überhaupt kennt. Denn manchmal fallen auch diese Angaben dem Trend Nummer vier zum Opfer.

Allerdings wollen wir eines nicht vergessen: Diese Exemplare sind gerade nicht die typischen Anzeigen. Es sind ungewöhnliche Anzeigen, die unseren Leserinnen und Lesern aufgefallen sind, die sie ausgeschnitten oder kopiert und uns zugeschickt haben. Weil irgendetwas an ihnen bemerkenswert ist. Eine Formulierung, ein Bild, ein Detail, das heraussticht oder irritiert. Aber vielleicht gerade weil sie nicht »die Norm« sind, können sie umso zuverlässiger Aufschluss darüber geben, wie wir in unserer Zeit mit dem Thema Tod und Sterben umgehen.

Fast alle dieser Anzeigen stammen nicht von Profis wie Bestattungsunternehmen oder Zeitungsverlagen, sondern dürften von den Hinterbliebenen selbst formuliert und zum Teil auch gestaltet worden sein. Das macht ihren Charme aus. Einige sind unfreiwillig komisch, andere zeugen von souveränem Humor, manche sind heiter, andere tieftraurig oder herzzerreißend. Es gibt einfühlsame Porträts, denkwürdige Zitate, originelle grafische Ideen. Und sehr viele finden wir überaus gelungen. All diese kleinen selbst gemachten Kunstwerke gibt es hier zu entdecken. Dabei wünschen wir Ihnen viel Vergnügen.

München, im Frühjahr 2022
Matthias Nöllke

»Martin, du warst der Allergeilste!«

Starker Abgang

Wie jemand in Erinnerung bleibt, das entscheidet sich ganz am Ende. Nicht verwunderlich daher, dass in vielen Anzeigen noch mal kräftig auf die Pauke gehauen wird, knallige Sprüche geklopft oder die Verstorbenen zu höheren Wesen erklärt werden. Sie sollen ihren starken Abgang bekommen – auch und vor allem, wenn das Leben für sie vielleicht gar nicht so einfach und strahlend gewesen ist.

"Die mich kennen, mögen mich. Die mich nicht mögen, können mich."

Nach einem durchgeknallten, erfüllten Leben nehmen wir Abschied von einer liebevollen Mama, einer starken Frau, einem bunten Paradiesvogel.

Einem loyalen Kameraden mit einer sozialen Ader und einem Herz aus Gold.

Margit Geissler-Rothemund
genannt "Maggie", Schauspielerin

Mit einem sorgsam ausgewählten Spruch verabschiedet sich die vielfältig aktive Schauspielerin Margit Geissler. Der »bunte Paradiesvogel« war Anfang der 1980er-Jahre in ein paar Sexkomödien in der Hauptrolle zu sehen, sie war Fotomodell, Moderatorin, Daily-Soap-Darstellerin, übernahm diverse Film- und Fernsehrollen vorwiegend im komödiantischen Fach, arbeitete als Personenschützerin, engagierte sich sozial als Streetworkerin und betrieb zuletzt ein Bordell in München-Pasing.

> **Jutta F.**
> Viel Grips im Kopf
> Und aufrechter Gang
> Ein Leben lang
> 1943   2009
>
> Familie und Freunde

Wie möchten wir in Erinnerung bleiben? In drei Zeilen eine beeindruckende Antwort.

Ein positives, aber auch fein abgewogenes Abgangszeugnis stellen die Angehörigen dem 74-jährigen Wulf K. aus. Demnach lagen seine Begabungen eher nicht im technischen Bereich. Und auch bei Heimatkunde und Familienleben gab es offenbar noch ein wenig Luft nach oben.

> *Sein letztes Zeugnis*
> **Wulf K.**
>
> Deutsch: *sehr gut*
> Sport: *sehr gut*
> Heimatkunde: *gut*
> Familienleben: *gut*
> Sozialverhalten: *sehr gut*
> Technik: *mangelhaft*
>
> Schulzeit: 01.10.1940 - 06.12.2014
> Die Versetzung findet statt in der Kapelle im Waldfriedhof Arnsberg, am 12.12.2014 um 14:oo Uhr.
>
> Matthias und Ilse,
> Dr. Jörn K., Maike Chandra mit Raban
> Jörn K. mit Sandra, Finn und Mathilde

HANNES

*11.5.1945 † 8.6.2002

Ein schönes Sterben ehrt das ganze Leben!

Das Durchschnittliche gibt der Welt
ihren Bestand,
das Außergewöhnliche ihren Wert.
(Oscar Wilde)

Wie wir sterben, entscheidet darüber, wie unser Leben beurteilt wird. Hannes ist es offenbar gelungen, stilvoll und mit sich im Reinen abzutreten.

Martin, du warst der Allergeilste.
Deine Freunde

Einen für Todesanzeigen ungewohnten Ton schlagen die Freunde von Martin an. Dabei teilen sie nicht näher mit, um welchen Martin es sich handelt. Seine Freunde wissen ja ohnehin, wer gemeint ist. Und alle anderen kennen bestimmt einen Martin, auf den die Aussage ebenfalls zutrifft.

Von den Niederungen der »Geilheit« in die höchsten Sphären: Dabei will Otto J. seiner »Göttergattin« vermutlich ebenso euphorische Anerkennung entgegenbringen wie die Freunde ihrem Martin.

Stuttgart, im August 2013

Eine Göttin geht zu Göttern

Lieselotte J

geb. G

* 15. Juni 1928 † 21. 6. 2013

In Liebe
Otto J

Mein Lieblings-Spacken, nun bist Du gegangen.
Das hast Du gut gemacht!

Du warst so tapfer und artig -
einfach ein Hammer-Typ
Ich werde Dich nie vergessen!!

Oliver D
* 08.04.1967 † 07.09.2014

In Liebe
Pedi

Als »Spacken« bezeichnet man ja eigentlich Leute, die man nicht ganz so »geil« findet. Doch bei Oliver D. soll der Ausdruck die raue und deshalb umso ehrlichere Zuneigung zum Ausdruck bringen.

"Mist, ich wusste, dass sowas mal passiert!"

† **UDO P**
Cartoonist (1959 - 2014)

Manchmal ist ein guter, leicht sarkastischer Spruch das Mittel, mit dem man sich selbst einen starken Abgang verschafft.

Er war nie um einen Spruch verlegen und wir bleiben nun sprachlos zurück.

Sohn Max,
Geschwister Gaby und Karl
sowie alle Angehörigen

Hans hat seine Freunde aus der Kneipe »Meisenfrei« offenbar mit seinen Reiseerzählungen beeindruckt. Da ist zum Abschied ein schönes, mild ironisches Kompliment fällig.

Wieder mal ist es ihm gelungen, dorthin zu reisen, wo noch keiner von uns war.

Hans

* 29.05.1958 † 01.07.2015

Alle Freunde vom Meisenfrei

Unsere wahnsinnig geliebte, beste Freundin und Tante ist nach schwerster Krankheit, zu unserer unendlicher Trauer, für immer von uns gegangen.

Dr. Monika R

* 6.12.1944 † 8.3.2016

In unheilbarer Trauer: **Dr. Sabine S**
Dr. Annemarie S
Helga H

Das Äußerste ist ihnen gerade gut genug. Die Hinterbliebenen von Dr. Monika R. zeigen eine Neigung zu sprachlichen Extremlösungen.

„Trink Oh Auge was die Wimper hält vom goldnen Überfluss der Welt"

Ein Lebenskreis hat sich geschlossen.

Wir nehmen Abschied von unserem lieben Vater

Dieter M

Dr. Dietrich Paul M
19. August 1920 - 11. Juni 2013

der nach einem reichen Leben im Alter von 92 Jahren auf seine nächste große Reise gegangen ist.

Die Abschiedsfeier findet am Donnerstag, dem 20. Juni 2013, um 14 Uhr in der evang. Laurentius-Kirche in Seeheim an der Bergstraße statt. Auf Dieters Wunsch hin, wird er danach in Lindau am Bodensee im Kreis der Familie im Familiengrab beigesetzt.

„Der Geist weht wo er will"

Ja, Ja, JAAAAA!
Danke, Danke, Danke!

»Trinkt, o Augen, was die Wimper hält, von dem goldnen Überfluss der Welt«, lauten die Schlusszeilen von Gottfried Kellers »Abendlied«. Bejahend und voller Dank verabschieden sich die Hinterbliebenen geradezu orgiastisch von ihrem lieben Vater Dieter M.

Somewhere over the rainbow

In stiller Trauer nehmen wir Abschied von meinem geliebten Mann, unserem liebevollen Vater, Großvater, Bruder, Schwager, Schwiegersohn und Onkel

Heinz Günter F

* 25. November 1934 † **23. Februar 2016**
in Idar-Oberstein im Hotel Adlon in Berlin

In tiefer Liebe und Dankbarkeit
für die wunderschöne Zeit mit Dir

Marion F geb. K
Esther F
Rebecca und Tom A mit Jana und Luisa
Werner und Annemarie F
mit Martin und Christian
Marta K

Nur selten wird der Sterbeort derart präzise angegeben wie bei Heinz Günter F. Dabei beflügelt diese besondere und für das Sterben eher unübliche Stätte unsere Fantasie. Stilvoll abtreten inmitten von Luxus und dem stets aufmerksamen Servicepersonal: So stellen wir uns das vor, auch weil nichts Gegenteiliges mitgeteilt wird. Und schön wäre es ja.

Eine Golfrunde fand keinen Abschluss – mittendrin hast Du uns ohne eine Chance des Abschieds verlassen, es wurde Dein **Hole-In-One** ins Reich der Unendlichkeit ...

Peter S

*2. März 1951 † 12. Mai 2011

Fassungslos stehen wir vor diesem neuen Leben und müssen lernen, wie das jetzt gehen soll.

Ein wertvoller Mensch hat seine Spuren bei uns hinterlassen und dafür danken Dir

Deine Christa
Sylvia und Ralf
Angehörige und Freunde

Mit einem Schlag ins Reich der Unendlichkeit »eingelocht«: Die Angehörigen von Peter S. finden eine denkwürdige Formulierung für seinen plötzlichen Tod auf dem Golfplatz.

Sie ist nur mit dem Hund raus

Heidi F

geboren am 30. März 1943 in Neuruppin
gelebt bis zum 7. Februar 2013 in Stuttgart

Laura Maja Maxi Jürgen

Starker Abgang mit Understatement. So geht es natürlich auch.

Einen Abgang der schlichteren Art wählt auch Klaus »Jule« W. Der liebenswerte Mitarbeiter pflegte sich offenbar mit einem blumigen Spruch zu verabschieden. Da liegt es nahe, dass er bei dieser Gelegenheit noch einmal in Erinnerung gerufen wird.

Wir trauern um unseren langjährigen Mitarbeiter
und Kollegen, Herrn

Klaus (Jule) W

der im Alter von 52 Jahren unerwartet verstorben ist.

"Mein Name ist Blume - ich verdufte"

Mit ihm verlieren wir einen lieben Menschen,
den wir stets in guter Erinnerung behalten werden.

Nachruf

Thomas W

Lieber Woidl,

Du hattest leider nur ein kleines Zeitfenster,
aber die Scheiben in diesem waren
stets klar und sauber!

Bis irgendwann!

Olo und Marco

Ein akkurates Leben immerhin, nur leider viel zu kurz. Die Freunde Olo und Marco finden dafür eine anschauliche Beschreibung.

Er hat seinen Anschlußzug erreicht.

Manfred R

* 28. September 1965 † 18. Februar 2018

Wenn das kein starker Abgang ist: Manfred R. steigt um und erreicht den Anschlusszug – »ohne zu rennen«.

Mein Mann, unser Vater und Sohn ist ohne zu rennen umgestiegen.

Ingrid, Bianca, Bernhard und Anna
Barbara und Willi R
und alle Angehörigen

Graphiker
Lebensaufgabe Archäologie

Eduard G

geboren am 10. April 1936
gestorben am 3. September 2012

Du warst unser großer WÜNSCHE-ERFÜLLMEISTER:

für kleine und nicht so kleine Kinderwünsche
für unsere alltäglichen Nebenbeiwünsche
für langjährige Spezialaufträge
für die Sofort-wohin-fahr-Ideen
für unseren wolfsrudelartigen Weihnachtshunger
für die gewohnten Geldscheinwünsche
für unsere Alle-Zeit-der-Welt-Ansprüche
für unsere 1000 Fragen

Karola und Jochem
Verena, Martin und Christine

Quentin und Bendix
Robin, Rebekka und Klaus

....
....
....

Und warum konntest Du uns so viel geben?
Weil Du so schlau warst
und so gut

Für Eduard G. haben sich die Angehörigen eine sehr sympathische Bezeichnung einfallen lassen: der »große Wünsche-Erfüllmeister«. Ein Mann mit gutem Herzen und weitem Horizont. Und als Grafiker mit einer für diese Branche eher untypischen »Lebensaufgabe«.

»Heul nicht – fang lieber an zu tanzen!«

Jens-Oliver T

Joe | Oli | Damage Inc

Geboren am 6. September 1973
Verstorben in der ersten Stunde des neuen Jahres 2015

Du fehlst.
Renate, Rüdiger, Sven
und Familie sowie
alle Freunde.

Joes/Olis letzte Fahrt findet statt
am 31.01. ab 12 Uhr auf dem
Zentralfriedhof in Bonn, Gotenstraße 142.

Von Beileidsbekundungen am Grab
bitten die Angehörigen Abstand zu nehmen.

»Bunt ist das Dasein und granatenstark.«

Am Ende steht eine Anzeige, die das Leben feiert und die Lebenslust. Wie es sich für einen starken Abgang gehört, stammt das Statement in der Überschrift vom Verstorbenen selbst.

02

»Alles scheiße«

Bittere Bilanzen

Auf die »starken Abgänge« folgt nun das Kontrastprogramm. Unter den Todesanzeigen gibt es nämlich nicht nur die Erfolgsmeldungen, Liebeserklärungen oder versöhnlichen Abschiedsworte. Gerade in neuerer Zeit finden sich mehr und mehr Anzeigen, die einen ganz anderen Ton anschlagen: schroff, verbittert, enttäuscht und den unerfreulichen Dingen des Lebens, von denen es ja bekanntlich einige gibt, durchaus zugewandt.

Der Herr ist mein Hirte,
mir wird nichts mangeln.
Psalm 23,1

Horst Georg H

Innenarchitekt

*10. 11. 1932 † 20. 10. 2003

Es war nicht immer einfach mit Dir zu leben, aber ohne Dich wird es auch nicht einfacher.

Wir werden Dich nie vergessen.

In Liebe:
Gabriele H
Sabine B
Massimo B mit Michele und Tim

Dabei kommt unsere erste Anzeige vergleichsweise konziliant daher. Immerhin wird Horst Georg H. »in Liebe« verabschiedet. Doch besteht kein Zweifel: Der Verstorbene zählte eher zu den komplizierteren Zeitgenossen. Und wenn wir den Satz als höfliche Umschreibung verstehen, läuft die Sache fast auf die Kapitelüberschrift hinaus.

Ein gewisser Überdruss spricht aus der Anzeige von Peter K., der offenbar alles ganz allein eingefädelt hat. Zumindest tauchen keine Angehörigen auf, die um ihn trauern oder denen gegenüber man sein Beileid bekunden kann. Nicht mal gemeinsam auf ihn anstoßen kann man – wegen der Coronamaßnahmen.

Ich hatte die „Schnauze voll" und sage euch Tschüss, bis bald!

Peter K

* 08. 12. 1943   † 13. 12. 2020

Ihr hättet gerne noch einen auf mich trinken können aber,.....Corona.

Auch Peter H. hatte »keine Lust mehr« und hat sein Leben selbst beendet. Doch gibt es jemanden, der sich verpflichtet fühlt, an diesen besonderen Menschen zu erinnern, der von Beginn an kein leichtes Leben hatte.

Ohne Liebe in der Nachkriegszeit geboren, aufgewachsen erst bei den Großeltern, dann im Kinderheim und schließlich seit 1964 in Premnitz, erst im Lehrlingswohnheim, dann im Ledigenwohnheim und schließlich Sozialwohnung im Mühlenweg sah

Peter H

keinen Sinn mehr im weiteren Leben.

Ein solch ehrlicher und stets hilfsbereiter Mensch sollte diese Welt nicht ohne Abschied verlassen.

Die Urnenbeisetzung findet am 27.7.2015 um 10 Uhr auf dem Friedhof in Premniz statt

Ich werde ihn vermissen.
Martin L

„Einer hät immer die Aaschkaat"

Ingrid M
geb. W
* 5. 10. 1936   † 28. 4. 2016

Auch wenn wir damit rechnen mussten, schmerzt uns die Endgültigkeit. Was bleibt ist die Erinnerung. Ruhe in Frieden. In Liebe und Dankbarkeit nehmen wir Abschied.

Werner und Heike S   geb. M

Zwar mit rheinischem Zungenschlag, doch mit trauriger Botschaft verabschiedet sich Ingrid M., die im Spiel des Lebens am Ende nicht mehr mitmischen konnte.

Noch deutlicher formuliert es Horst L.

Der Tod kam als Erlöser.

Horst L

* 10. 2. 1929   † 11. 8. 2014

„Alles scheiße."

Kinder, Enkel und Urenkel

Wir nehmen Abschied von

Wolfgang E

geboren am 9. 9. 1934 in Königsberg,

der am 26. März 2013 nach langer, zehrender Krankheit eingeschlafen ist.

„So'n Scheiß braucht kein Mensch!"

Wir werden Dich sehr vermissen!
Thomas & Ines, Patrick und Kevin E
sowie alle anderen Angehörigen

Das S-Wort wäre früher in Todesanzeigen undenkbar gewesen. Heute bietet es sich vielerorts als die einzig treffende Beschreibung an – zumal, wenn es sich wie im Fall von Wolfgang E. um eine Aussage des Verstorbenen selbst handelt.

Die letzte Botschaft von Gerhard S. klingt gleichfalls wenig hoffnungsfroh. Doch der Hinweis, S. habe sich mit »leisem Humor« verabschiedet, lässt uns vermuten, dass hier ein kräftiger Schuss Ironie im Spiel ist und sich Gerhard S. selbst nicht so furchtbar ernst genommen hat.

„Gute Nacht der ganze Blödsinn"

1928 – 2014
Gerhard S

hat sich mit leisem Humor von uns verabschiedet

Die Urnenbeisetzung fand im kleinen Kreis auf dem Praunheimer Friedhof statt

Trotzig bis gesellschaftskritisch ist die Bilanz von Ruth K. aus dem sächsischen Radebeul.

> Ich stehe dem boomenden Gesundheitsmarkt in dieser marktkonformen kirchengesteuerten »Demokratie« nicht mehr zur Verfügung
>
> # Ruth K███████
>
> ### geb. K███████
>
> geb. 19.4.1929 in Radebeul   gest. 25.9.2021 in Berlin

Es wird schon wieder.
Wieder?
Wieder wie was?!
Wieder wie vorher?!
Es wird nie wieder wie vorher!
Irgendwann wird es,
*aber nicht **wieder**!!*

Elisabeth P███████
geb. D███
* 10. November 1923   † 26. März 2015

Im Fall von Elisabeth P. bleibt unklar, wer hier mit großem Schwung die beschwichtigende Phrase »Es wird schon wieder« auseinandernimmt. Es muss sich um einen oder mehrere Hinterbliebene handeln. Doch die geben sich nicht zu erkennen.

† *In memoriam*
Brigitte S

Bei Brigitte S. hatte sich zunächst alles ganz gut angelassen.

*Glückliche Jugend, schönes Mädchen in Halle,
privates Glück und politische Bedrängnis.*

*Danach ein paar glückliche Jahre im Westen,
doch später Krankheit und der Tod Deines Liebsten.*

*Verrat, Glück, Einsamkeit,
ein Leben in Deutschland.*

Nun bist Du gegangen. Wir trauern unendlich um Dich.

Ingrid und Jürgen

Im September 2010

Arbeiten bis zum Umfallen.

Hans-Werner M

* 14. Juli 1937   † 19. Februar 2017

Hier sind es vermutlich die Hinterbliebenen, die andeuten, dass im Leben von Hans-Werner M. die Freuden und der Genuss ein bisschen zu kurz gekommen sind.

In Liebe
**Bärbel
Ingo mit Tobias
Nadine und Arne
sowie alle Angehörigen**

Die Trauerfeier findet am Dienstag, dem 28. Februar 2017 um 11 Uhr im Andachtsraum des Bestattungshauses Andreas Günter, Trautenaustraße 16 in Braunschweig statt. Anschließend erfolgt die Urnenbeisetzung auf dem Friedhof Lehndorf.

ANDREAS GÜNTER BESTATTUNGEN, Tel. 0531-88 69 24 00

Mein letzter Gruß

04.08.1926   03.12.2016

Ich wusste wie die Blumen duften,
kannte Arbeit nur und Schuften.
So gingen hin die schönsten Jahre,
jetzt liegt man auf der Bahre
und hinter mir da grinst der Tod,
kaputt gerackert, Vollidiot.

Helmut W█████

Ich bin umgezogen ins Reich der ewigen Jagdgründe,
zu finden auf dem Osthofenfriedhof in einem unbekannten Feld.

Grünes Gras soll mich bedecken, mit morgendlichem Tau,
die Sonne wird es wieder löschen, es wiederholt sich ewiglich.

Wenn Du am unbekannten Feld vorbeigehst, klopf mit dem Fuß
dreimal auf die Erde, und ich werde Dir Gutes tun.

Die Urne wurde in aller Stille beigesetzt.

Spenden können an die Kindergärten der Johannes-Gemeinde überwiesen werden.
Verwendungszweck: Kinderarbeit der Johannes-Gemeinde
Empfänger: Kirchenkreis Soest DE06 3506 0190 0005 0050 00

Helmut W. blickt in selbst gereimten, pointierten Versen ganz ähnlich auf sein Leben zurück. Dabei lässt sein munterer Tonfall vermuten, dass er eigentlich ein recht lebenslustiger Mensch gewesen ist.

Die Rückschau von Thomas K. auf das Leben seiner zweifach verwitweten Mutter fällt sehr traurig aus. Dabei ist er selbst vielleicht am meisten zu beklagen.

Christel K

17.04.1939 - 5.3.2013

Verw. K, verw. P

In bleibendem Schmerz und Trauer um meine Mutter, die leider schon in meiner Kindheit aufhörte, mir eine Mutter zu sein - du hast deine Lebensreise als unschuldiges, leider auch gequältes Kind begonnen und nun, nach langer Krankheit, hoffentlich in Frieden beendet. „Die Familie sollte der Nahrboden sein, auf dem Kinder sich entfalten." Ich bin nun der Letzte dieser Familie, ohne eigene Nachkommen. An Kraft bleibt wenig.

Thomas K

Die Anzeige für Rose-Marie ist eine Würdigung ihres Lebens, vor allem aber eine Anklage für ihr qualvolles Sterben. Als unbeteiligte Leser fragen wir uns allerdings: Was ist da bloß vorgefallen? Und welche »Kräfte des Bösen« waren da am Werk?

Rose-Marie A

Aus ehrenvoller Familie, die gegen Nazis gekämpft hatte, stammst Du.
Dein Vorbild war Frau Dr. Marion Gräfin Dönhoff,
die mit deiner Familie verbunden war.
Dein letzter Wunsch war eindeutig: weiter zu leben.
Dieser Wunsch wurde missachtet.
In sehr grausamen Zustand starbst Du.
Gott wird für Gerechtigkeit sorgen.
Die Kräfte der Guten sind viel stärker als die Kräfte der Bösen.

So still hätte sie weder gehen wollen, noch sollen ...

Ute K████████
geb. P████
* 17. 7. 1944 † 9. 9. 2012

**Diana und Carsten mit Kim und Leif
und Oma**

Ute K. hat weniger dramatisch und weniger laut Abschied genommen. Doch war er vermutlich nicht weniger traurig.

Leider muss ich zweimal sterben,
einmal als der Mensch, der ich war
und einmal als der Mensch,
den die Krankheit aus mir gemacht hat.

Hanns-Arnt V████
Dr.-Ing.

* 22. Januar 1926   † 11. August 2015

In Liebe

Siglinde V████ , geb. E████████
Jochen und Susanne V████
mit Till, Katharina und Kai
Peter und Jutta I████ , geb. V████
mit Anja und Lesi

Die Krankheit hat aus Hanns-Arnt V. einen anderen Menschen gemacht. Und zwar einen, der ihm selbst so fremd geworden ist, dass er diesem Wesen einen eigenen Tod zuspricht. Der Mensch, der er war, konnte er in dieser Zeit nicht sein.

Mit meiner Mutter ist ein
schwieriger Mensch aus einem
schwierigen Leben geschieden.

Sie ist nach ihrer Flucht
aus Ostpreußen nie richtig
in Solingen angekommen.

Ella S

geb. J
* 29. Mai 1914 † 27. Dezember 2012

Mit Respekt und Liebe

Sabine

Ein schwieriger Mensch verlässt mit 98 Jahren sein schwieriges Leben. Seit mehr als 60 Jahren fühlte sich Ella S. heimatlos. Dass sich ihre Tochter nun mit »Respekt und Liebe« von ihr verabschiedet, lässt vermuten: Hier ist auch Pflichtgefühl im Spiel.

Meine Reise aus der Türkei endete in Trier.
Wir nehmen Abschied von unserem Vater, Opa,
Seemann und Soldat der türkischen Marine

Yasar D

geb. 10.08.1941 gest. 2.12.2013

*Bei Lauchzwiebel und Brot, wäre ich nur in der Heimat geblieben.
In Deutschland habe ich mein Glück nicht gefunden.*
Gekommen, um ein paar Jahre zu arbeiten – zurück im Holzsarg,
beerdigt neben der geliebten Ehefrau.

Er wollte nur ein paar Jahre in Deutschland arbeiten, hat hier sein Glück nicht gefunden und kehrt nun »im Holzsarg« in seinen Heimatort zurück.

Hanns L▇

Bisholder, im Dezember 2017

Vielleicht die bitterste Bilanz von allen: wenn nur noch der Name im Trauerrand erscheint. Kein Wort über Leben und Sterben. Kein Hinterbliebener, der trauert. Ja, nicht einmal die Lebensdaten werden mitgeteilt. Wer möchte so frostig verabschiedet werden?

Nicht immer betrifft die bittere Bilanz die Verstorbenen. Manchmal stellen sich auch die Hinterbliebenen quälende Fragen.

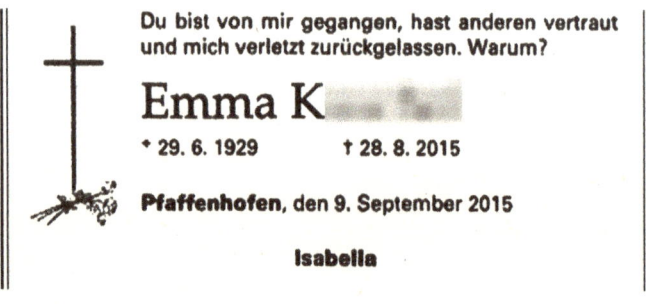

Du bist von mir gegangen, hast anderen vertraut und mich verletzt zurückgelassen. Warum?

Emma K▇

* 29. 6. 1929 † 28. 8. 2015

Pfaffenhofen, den 9. September 2015

Isabella

Zum Abschluss dieses traurigen Kapitels stehen zwei Gedenkanzeigen. Die eine zum hundertsten Geburtstag, die andere zum hundertsten Todestag. Die eine beklagt ein Opfer des Ersten, die andere ein Opfer des Zweiten Weltkriegs. Beide wurden nur 24 Jahre alt.

SEELEN ZERSTÖRT	KRIEG ZERSTÖRT	GENERATIONEN
unsichtbar	unsichtbar	gestört
fühlbar	fühlbar	

Alfred K

* MÄRZ 1919 † SEPTEMBER 1943
HAMBURG STALINGRAD

BÄRBEL
S.O.S.

Jakob H

* 14. 10. 1892 † 24. 8. 1917

Ein Stein, zwei Zeilen, was von ihm blieb.
Ein hartes Los, dem Kriege gleich
Vergissmeinnicht
Vor 100 Jahren erlosch sein Licht.
Wer weiß was er erlitt?
Noch welche Liebe ihn vertritt?

03

»Noch eins: Ich habe dich nicht ins Heim gebracht.«
Letzte Gespräche

Gerne werden Todesanzeigen dazu genutzt, noch ein paar Worte an die Verstorbenen zu richten, ihnen im Jenseits alles Gute zu wünschen, strittige Punkte klarzustellen oder auch ein paar Ratschläge zu erteilen. Diese »letzten Gespräche« können recht unterschiedlich ausfallen, wie dieses Kapitel zeigen wird.

Mit ein paar gewichtigen Zeilen der Rockband Linkin Park wird an Peter H. erinnert. Doch auch hier schleicht sich tröstlich der gemeinsame Alltag ein – in Form der Leberwurstbrotfrage.

When my time comes,
forget the wrong that I've done.
Help me leave behind some
reasons to be missed. (Linkin Park)

Peter H

* 28. 4. 1934   † 21.12.2011

Schon ein Jahr ohne Deinen Humor
und Deine Anekdoten. Du fehlst uns sehr.
Was meinst Du:
Noch ein Leberwurstbrot? Für auf den Weg?

Antje und Emma H.

Ich bin nicht tot, ich tausche nur die Räume.
Ich leb´ in euch und geh´ durch eure Träume.

„Wir freuen uns schon sehr auf unser Wiedersehen!
Mach den Bulldog schon ´mal startklar, pack´ die
Buttermilch, d´ Kaffee und die Frikadelle ein und
guck mit Trixi nach den Bienen. Genieß´ die Zeit,
bevor wir dir wieder auf die Nerven gehen!"

Unendlich geliebt lassen wir

Günter S   * 15.3.1943   † 15.11.2021

meinen Ehemann, unseren Papa, Opa, Schwiegeropa und Uropa
zu Gott vorausgehen.

Im Namen aller:
Gerti S

Es ist gar nicht so selten, dass ein lockerer Plauderton angeschlagen wird. Der soll gewiss auch ein wenig trösten. Die Botschaft ist klar: Unserem Opa geht es gut. Er macht so weiter, wie er gelebt hat. So ist das zum Beispiel bei Günter S. aus dem mittelrheinischen Dorf Nochern. Günter versichert, er sei gar nicht tot, sondern habe nur die Seiten gewechselt. Und die Familie spricht zu ihm, als wäre er mal eben mit der Fähre über den Rhein geschippert. Von ebenso sympathischem wie rheinländischem Humor zeugt der Ratschlag: »Genieß die Zeit, bevor wir dir wieder auf die Nerven gehen.«

Das Bemühen um gute Laune prägt die Anzeige für Gabi K. Vielleicht tun Julius, Sarah, Katharina und Franz mit ihren Wünschen etwas zu viel des Guten. Fast hat es den Anschein, als wäre Gabi in den Urlaub gefahren.

Weint nicht, weil es vorbei ist,
sondern lacht, weil es schön war!

Gabi K
geb. L

* 02. Februar 1963   † 30. Januar 2010

Danke!
Dein Uwe

Fahr vorsichtig!
Meld' Dich, wenn Du da bist!
Viel Spaß!

Julius
Sarah
Katharina und Franz

Auch hier: Sterben ist Kirmes und Feierei. Aber »Treffpunkt Riesenrad«, das verstehen nur die Eingeweihten.

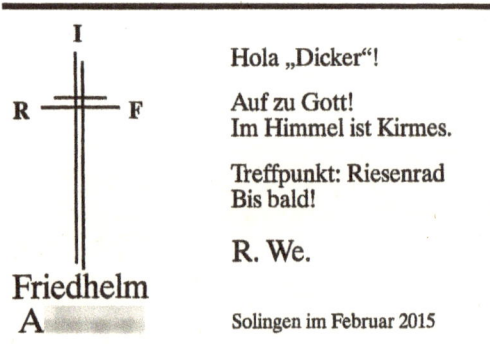

Wir nehmen Abschied von
meinem Bruder und Schwager

Günter F

* 11. 11. 1952   † 19. 6. 2019

Obwohl es oft schwierig war mit dir, das musste aber jetzt nicht sein. Auch wenn du dies nicht mehr lesen kannst, wir vermissen dich wahnsinnig.

In stiller Trauer:
Deine Familie

Die Beerdigung findet am Donnerstag, dem 27. Juni 2019, um 11.30 Uhr auf dem Friedhof Elisabethstraße, Neuwied statt.

Eine letzte, berührende Botschaft an Günter F. Und eine der ganz wenigen, die es ausspricht: Die letzte Botschaft erreicht den Verstorbenen nicht mehr.

Michael S

6. Oktober 1945 — 24. Mai 2014

Gemeinsam alt – wie wäre das?

Karin richtet einen Wunsch an Michael S. Und wir wissen: Er ist nicht in Erfüllung gegangen.

Karin

Wo war dein Schutzengel?

Nur die Besten sterben jung, du warst die Beste.
Nur noch Erinnerung, sag mir warum.

Wir werden dich sehr vermissen

Eva K
geb. L

* 27. 8. 1939 † 25. 1. 2014

Lothar K
Gabi W
Sebastian
Andrea Michael Fiona
Lisa Justin Mia
und Anverwandte

Die Anrufung von Eva K. ist nicht frei von Pathos und Lebensklage: Die Frage nach dem Schutzengel und das klagende »Warum« lassen Schlimmes vermuten. Allerdings verblüfft die Feststellung, dass »nur die Besten« jung sterben. Mit 74 Jahren gehört man doch eher zur reiferen Jugend.

16-07-73 – 24-09-12
– Schutzengel – Warum?

In aller Stille haben wir Dich
gehen lassen. Du wolltest
einen Mann schützen und
hast Dich in ihn verliebt.
Er nahm davon keine Notiz
– Du hattest doch mich.
Ich verzeihe Dir.

In Liebe
Dein Timo
– und Familie –

Ein weiteres Unglück und ein weiteres Mal wird der Schutzengel beschworen – für eine Verstorbene, die von Timo nicht beim Namen genannt wird.

Zum einjährigen Todestag führt Renate ein, man muss wohl sagen: recht privates Gespräch mit Rolf S. Ihre Einlassungen lassen auf eine verwickelte Beziehung schließen. Und wir sind etwas skeptisch, ob sie nun bei »den Osdorfern« auf mehr Verständnis stoßen wird.

Im Gedenken

Rolf S

9. 2. 2002

Ein Jahr ohne dich.
Es heißt, das Leben geht weiter, aber wie?
Ich sitze so manches Mal und denke an dich,
und dann fließen die Tränen.
Für dich war es eine Erlösung.
Ich hätte dich gerne noch bei mir gehabt.
Trotz allem, was du mir angetan hast.
Es war kein einfaches Leben mit dir.
Ich habe dich nie im Stich gelassen, was viele Leute meinen.
Noch eins. Ich habe dich nicht ins Heim gebracht.
Das wolltest du selbst.
Hoffentlich begreifen das die Osdorfer mal.
Ich werde dich nicht vergessen.

Ein stiller Gruß
Deine Renate

Für Günther

* 29. 3. 1956
† 1. 5. 2005

**Heide,
Simon & Tobias**

... Und so rede ich mit dir wie immer, so als ob es wie früher wär, so als hätten wir jede Menge Zeit.

Ich spür dich ganz nah hier bei mir, kann deine Stimme im Wind hören und wenn es regnet, weiß ich, dass du manchmal weinst, bist die Sonne scheint; bis sie wieder scheint. Ich soll dich grüßen von den anderen; sie denken alle noch ganz oft an dich. Und dein Garten, es geht ihm wirklich gut, obwohl man merkt, dass du ihm doch sehr fehlst. Und es kommt immer noch Post, ganz fett adressiert an dich, obwohl doch jeder weiß, dass du weggezogen bist.

... Und so red' ich mit dir wie immer und ich versprechen dir, wir haben irgendwann wieder jede Menge Zeit.

(DTH)

Für Günther kommt immer noch Post, obwohl doch jeder weiß, dass er an einen Ort ohne Adresse umgesiedelt ist.

Dein Leben war 85 Jahre lang beschützen, bewahren, helfen ohne Frage und ohne Klage, für andere da sein. Dich selbst hast Du immer nach hinten gestellt, aber dies hast Du gerne getan. Darin hast Du den Sinn Deines Lebens gesehen, das gab Dir Freude und Erfüllung. Nur Dienstag hast Du einmal... einmal nur an Dich gedacht und das geht voll in Ordnung und ist gut so!

Wolfram E

* 20. November 1928   † 4. März 2014

Wir werden Dich immer lieben.
Danke, dass wir Teil Deines Lebens sein durften.

Der selbstlose Wolfram E. hat einmal nur an sich gedacht – und schon ist er tot! Die Hinterbliebenen zeigen sich verständnisvoll.

Ein tragischer Verkehrsunfall. Aber die Oma von Patrick hat Neuigkeiten mitzuteilen.

Lieber Patrick !

Endlich ist Dein Bild wieder hergestellt.
Der Traktorfahrer ist schuldig gesprochen und
das Urteil ist nun rechtskräftig.

Patrick, Du fehlst uns sehr.

Du wirst immer in unseren Herzen wohnen.

Deine Oma

Ach Opa
Ach Opa
Ach Opa, hol mich doch.

Oma ich höre dich,
komm zu mir, ich erwarte dich.

Ich danke für die schöne Zeit als Mutter,
Schwiegermutter und Oma

Helga J

* 22. 6. 1936 † 21. 12. 2018

In liebevoller Erinnerung:

Ulrike C geb. J
mit Florian

Eine Art Ahnenbeschwörung findet sich in der Anzeige für Helga J. Doch für den unbeteiligten Leser hat die Vorstellung auch etwas Gruseliges, dass Opa und Oma einen »holen«.

S. an C.

Ich warte noch immer auf Deinen „richtigen" Antrag, obwohl wir schon 18 Jahre zusammen und 11 Jahre verheiratet sind.
Jetzt hast Du ihn verpasst, den Tag, auch wenn das für Dich bescheuert klingt.

Ich habe noch immer den „bösen" Dodge nicht gefahren, obwohl der schon 3 Jahre zu Dir gehört und meinen Namen trägt.
Eines Deiner typischen Machogebahren. Ich wünschte wirklich, ich fahr ihn und Du hättest es erlebt.

Du hast mir noch immer keinen Songtext geschrieben, obwohl Du meinst, Herbert arbeitet nur mit Textern wie Dir.

Ich wünschte, Du wärst ein bisschen länger geblieben.
Was fang ich jetzt bloß an allein mit mir?

Du bist nicht da und ich mach Licht in jedem Zimmer. Ohne Dich kann ich die Dunkelheit nicht ertragen, das Wetter grau. So wolltest Du es immer.

Ich denk an Dich,
aber ich hab so viele Fragen.

Jetzt trink ich Deine Cola und rauch Deine Zigaretten, hab drei Jacken an und die Heizung steht auf 25 Grad.

Gib mir ein Zeichen,
vielleicht kann mich das retten,
ich warte in Deinem Zimmer,
von jetzt an jeden Tag.

Ich weiß, Dein Plan war immer,
vor mir zu geh'n, halt einfach aus
da oben und versprich,
Du wartest auf mich.
Ich hab noch was zu erledigen, bis wir uns wiederseh'n, und bis dahin immer und immer und immer liebe ich Dich.

Mach Dir keine Sorgen, wenn ich jetzt so neben mir bin. Meine Seele blutet und mein Herz tut mir weh. Du weißt ja, irgendwie krieg ich das schon hin.

Das ist mein letzter Reim für C.

(Ϯ 27.04.2013).

S. muss einige persönliche Worte an C. loswerden. Schon eine besondere Beziehung zwischen den beiden. Nach 11 Jahren Ehe noch auf einen Heiratsantrag hoffen, zwischen Zuneigung, Enttäuschung, Sehnsucht und Genervtsein schwankend. Sie lässt uns teilhaben an ihrer Angst vor dem Alleinsein und ihrem inneren Frösteln. Zugleich verbirgt sie ihre Identität und die ihres Machomanns hinter zwei Großbuchstaben.

Auf eine vielschichtige Beziehung deuten auch die letzten Worte hin, die Ingrid E. an ihren Mann Helmut richtet.

> *Ganz weit draußen*
> *am Ende des Regenbogens*
> *werde ich auf dich warten,*
> *und wenn du dann endlich kommst,*
> *werde ich sitzen bleiben*
> *mit verschränkten Armen über den Knien,*
> *damit du nicht zu früh erfährst,*
> *mit welcher Sehnsucht*
> *ich dich erwartet habe.*
>
> ## Helmut E
>
> *1. 9. 1936   † 22. 10. 2014
>
> Er wird uns sehr fehlen.
> In Liebe und Dankbarkeit nehmen wir Abschied.
>
> Ingrid E
> Martina N
> im Namen aller Angehörigen
>
> Die Beisetzung hat im engsten Familienkreis stattgefunden.

Von einem letzten, klärenden Gespräch ganz besonderer Art berichtet die Anzeige für Josef T. Es findet drei Tage nach seinem Tod statt und verläuft naturgemäß recht einseitig.

† *Josef T*

*13. 6. 1933   † 23. 5. 2015

Mein lieber Papa,
am Dienstag, dem 26. Mai 2015 waren wir beide fast noch eine ganze Stunde zusammen und ich konnte Dir so viel sagen, was mir noch auf dem Herzen lag. Ich habe erstmalig gespürt und auch gewusst, dass es für Dich das Allerbeste ist, von uns gegangen zu sein.

Die letzten 10 Tage, die ich, sooft es ging, bei Dir war, waren für mich eine unerträgliche Zeit, die ich nicht vergessen kann und mich stetig begleiten werden . Der Gedanke an die Zeit davor, möchte ich mir nicht vorstellen.

Du bist in meinem Leben ein immer stetiger Begleiter gewesen, in Anwesenheit und Ferne. Du hast unendlich Großes geschaffen, das immer an Dich erinnern wird.

24 Jahre bist Du der beste Opa für Pierre-Alexander gewesen und in der Not warst Du für ihn und für mich immer da. Du hast deinem Enkel den schönsten Tag am 27. April 2015 geschenkt und jeden Tag werden wir daran erinnert. 24 Jahre hast Du Deinen Enkel in seinem Leben begleitet und warst auch sehr stolz auf ihn.

Einen Vater und Papa 51 Jahre gehabt zu haben, mit dem ich jede Lebensphase erleben durfte, der so Großes erreicht und geschaffen hat, wie kein anderer, war die beste Zeit mit Dir.

Zu deinem größten Wunsch, mit mir ein Gespräch im Garten zu führen, kam es leider nicht mehr. Bilder und Erinnerungen der letzten Tage über unsere innigen gemeinsamen Jahre „bleiben ewig" bestehen!

In allertiefster Liebe
Simone und Pierre-Alexander

―――― Im Andenken an unsere verstorbenen Eltern ――――

Hans St

13. August 1917 bis 1. Mai 2011

Anna St

22. März 1922 bis 22. August 2013

Während über 60 Jahren wohnhaft gewesen am Heimweg 2, 3097 Liebefeld

Liebe Eltern, liebe Mam, lieber Päpu, leider musstet ihr auf eine unbegreiflich traurige Art und in Unfrieden von uns diese Erde verlassen. Es ist absolut unhaltbar was da passiert ist. In eurem Alter war dies begreiflich, dass ihr den Zusammenhängen nicht mehr folgen konntet. Deshalb haben wir versucht, euch die Sache schriftlich und mündlich verständlich zu machen. Die negativen Einwirkungen waren jedoch stärker und zum Schluss zu euren und unseren Ungunsten.

Wir Söhne möchten euch hier trotzdem nochmals herzlich für die sehr schöne und gute Jugendzeit und die weiteren Jahre danken, die wir in unserem Elternhaus am Heimweg 2 im Liebefeld erleben durften. Wir werden weiter für die Gerechtigkeit kämpfen und wünschen euch jetzt zusammen den ewigen Frieden und Ruhe in der Ewigkeit. Leider wissen wir auch heute noch nicht, wo euer Grab ist. Grosse Trauer herrscht!

Traueradresse: Jean St

Klärende Worte nach dem Tod werden auch an Hans und Anna St. gerichtet. Hier allerdings bezeugen sie die tiefe Entfremdung von den Eltern. Da wirkt es noch beklemmender, dass die Söhne sich für die »sehr schöne Jugendzeit« bedanken. Doch wo das Grab der Eltern ist, wissen sie nicht.

Beschließen möchten wir dieses Kapitel mit einer Anzeige für die Patentante, die ihrem Patenkind Elisabeth H. in kalter Nacht den Sternenhimmel erklärt hat. Dass sie dieses Erlebnis in Erinnerung ruft, ist auch für Außenstehende unmittelbar verständlich.

In meiner Erinnerung ist es dunkel und kalt,
eine sternenklare, klirrende Nacht.
In dicke Sachen gemummelt gehe ich mit dir die Straße entlang.
Ich schaue zum Himmel und frage dich nach den Sternbildern.
Du erklärst mir, wie der „Große Bär" aussieht,
den man auch den großen Wagen nennt
und wie man den Polarstern finden kann.

Danke, liebe Patentante Tase,

Elisabeth W███████████

für Deine lebenslange Liebe und Fürsorge.

Elisabeth H███████████ geb. K████

»Im Ernstfall lasst mich gehen.«

Anzeigen mit ungewöhnlichen Fotos

Fotos in Todesanzeigen? Früher undenkbar, heute ein fast schon übliches Gestaltungselement – auch wenn die meisten Exemplare noch immer ohne Bebilderung auskommen. Fotos gehören gewissermaßen zur Sonderausstattung. Sie ziehen die Aufmerksamkeit auf sich, erst recht, wenn es sich um Farbaufnahmen handelt. Die werden nun immer häufiger, weil auch die Zeitungen es möglich machen, in der Rubrik »Traueranzeigen« Farben sprechen zu lassen.

Der Kampf des Lebens ist zu Ende, vorbei ist aller Erdenschmerz, nun ruhen still die fleißigen Hände, ... still steht dein treues Vaterherz.

Rolf B

* 8. 6. 1941   † 29. 5. 2018

Nach langem Kampf mit seiner Gesundheit verstarb unser treuer Ehemann, Vater und Großvater. Getreu seinem Motto „Ich mache weiter, ich gebe niemals auf, ich kämpfe", starb er plötzlich und unerwartet in den Armen seiner geliebten Frau.

Er nahm jeden Erdenschmerz auf sich um bei seinem "Schutzengel" zu sein. Jetzt sitzt er zur Rechten unserer Uroma und Großmutter und wacht als Schutzengel über uns.

Das beliebteste Motiv sind die Verstorbenen selbst. Wir sollen uns ein Bild von ihnen machen, und zwar ein möglichst positives. Die Aufnahmen zeigen sie bei guter Gesundheit oder gleich in Feierlaune. Denn genau so sollen sie in Erinnerung bleiben. Mit Rolf B. zum Beispiel hätte man gerne auf seine Gesundheit angestoßen, um die er doch so kämpfen musste. Beeindruckt hat uns allerdings auch die Feststellung, er sitze jetzt »zur Rechten unserer Uroma«, um als Schutzengel unter Schutzengeln über die Familie zu wachen.

Anstoßbereit zeigt sich auch Elmar R. Das Bildmotiv ist vermutlich auch deshalb so beliebt, weil es eine unmittelbare Verbindung zu dem Menschen schafft, der nun nicht mehr unter uns ist. Und weil das Zuprosten eben auch der Gesundheit und dem Wohlsein gilt. Mit dem Verstorbenen noch einmal anstoßen, das ist schon sehr weit weg von Tod und Elend.

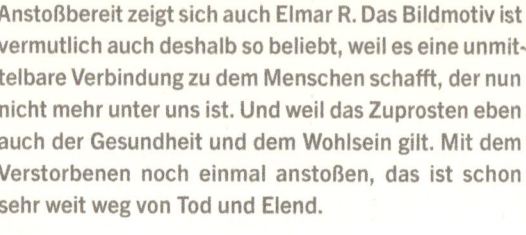

Elmar R

* 2. 3. 1938   † 14. 3. 2021

Traute R
Michael, Matthias und Katja
mit Lola, Andrea, Oliver
und den Enkeln Hanna, Elia und Sophie
Annette, Werner und Susanne N

Die Beisetzung findet im engsten Familienkreis auf dem Schwanberg statt.

Eine ähnliche Leichtigkeit und Genussfreude strahlt die Erinnerungsanzeige für Maria F. aus, die nicht sehr alt geworden ist. Doch wer aus dem Leben »hüpft«, umgeben von duftenden Torten, der ist fast schon zu beneiden. Dazu muss man die 100 gar nicht erreichen.

Maria F

geb. M

Heute wäre sie 100 geworden!

Sie ist leider 1976 viel zu früh aus dem Leben gehüpft.

Wir vermissen sie sehr.

Opa Klaus, unser Held!

„Wer ist deine beste Freundin?"
Anouk: „Mein Opa!"

Sarah, Julian, Tim, Anouk und Alma

Opa Klaus legt ebenfalls eine beeindruckende Entspanntheit an den Tag. Dass er bei seinen Enkelkindern besondere Sympathien genießt, wird durch das Foto (vermutlich bei der Einschulung von einem der fünf) unmittelbar verständlich. Dass sein bürgerlicher Name gar nicht mitgeteilt wird und auch die Enkel nur mit ihren Vornamen zeichnen, folgt einem allgemeinen Trend. Es genügt, wenn die eigenen Leute im Bilde sind.

Wer nie in seiner Jugend Drang, über verbotene Gitter sprang und wer nie nach verbotenen Früchten gestrebt und wer nur, nach dem was erlaubt gelebt, dem schmücke den Rock mit Orden und Tressen, doch sag ihm er habe zu leben vergessen.

Wir nehmen Abschied von

Eckart B.

Sonnenwirt
* 30.09.1924 † 09.09.2016

Mit mahnend erhobenem Zeigefinger verabschiedet sich Eckart B., Sonnenwirt vom Mittelrhein. Eine etwas unzeitgemäße Geste, zumal für einen Gastwirt und noch dazu in der eigenen Todesanzeige. Doch verleiht er damit den gereimten Lebensweisheiten den nötigen Nachdruck.

Und da wir schon bei ungewöhnlichen Gesten sind: Die eigene Zielflagge schwenkt Hans W. Und das tut er so dynamisch, wie es seiner besonderen Persönlichkeit entsprochen haben mag. Man fragt sich allerdings schon, bei welcher Gelegenheit diese Aufnahme entstanden ist.

Nach einem erfüllten Leben ist eine besondere Persönlichkeit am Ende ihrer letzten Etappe angekommen und wurde nun nach einem erfolgreichen Lebensweg selbst abgewunken.

Hans W.

* 28.09.1924 † 18.12.2017

In tiefer Trauer, Liebe und großer Dankbarkeit:

Barbara W.
Claus-Peter W.
Rainer und Gaby W.
Jessica und Lars
Thorsten und Angelika A. mit Kindern
und alle anderen Angehörigen

Einfach mal danke sagen, ganz persönlich und über den Tod hinaus. Das war wohl die Idee hinter der Anzeige von Siegfried S. Mit den Mitteln moderner Bildbearbeitung montieren die Hinterbliebenen das passende Foto dazu, das so viel mehr sagt als viele Worte.

Zeitlich in die entgegengesetzte Richtung weist das Foto von Erika Kiki L. Das Motto deutet auf ein bewegtes Leben mit allerlei Umbrüchen hin, die sie aber offenbar gut gemeistert hat. Dabei dürfte ihr die engelshafte Fähigkeit zugutegekommen sein, immer wieder den Weg nach oben zu finden. Das Foto lässt vermuten, dass dieses Talent schon früh angelegt gewesen sein könnte.

Man sieht die Sonne langsam untergehen,
und erschrickt doch, wenn es plötzlich dunkel ist.

Franziska M

* 29. Juli 1982   † 28. Dezember 2017

In Liebe nehmen wir Abschied von unserer Tochter Titta
Mama und Papa

Eher neueren Datums ist hingegen das Foto von Franziska M., das sie in einer für Todesanzeigen doch recht ungewöhnlichen Pose zeigt. Fast hat es den Anschein, als ob ihr das eigene Sterben nichts anhaben könnte. Aber vielleicht wollten ihre Eltern sie auch so in Erinnerung behalten: unbekümmert, selbstbewusst und ein wenig respektlos.

Es ist Zeit, dass wir gehen.
Ich, um zu sterben, und ihr,
um weiterzuleben.

(Sokrates)

Thomas E

* 17.1.1959   † 7.9.2014

Das Foto, das vermutlich die Augenpartie von Thomas E. zeigt, erinnert doch sehr stark an den Vorspann der Fernsehserie »Tatort«. Dort sind dann in einer der folgenden Einstellungen auch die weglaufenden Beine eines Mannes zu sehen. Und die ergänzt man still hinzu, weil die als Motiv vielleicht auch ganz gut gepasst hätten.

Statt Karten

Wir tragen alle Zeit in unseren Händen.
Sei unbesorgt, denn ich beschütze dich!
Doch die Angst um dich, sie wächst mit jeder Stunde.
Weil alle Zeit der Welt vergänglich ist. ...
Wir können nicht ändern, was zu ändern nicht gemacht ist.

„Endlich" Silbermond

Egal wie schwer das Leben es mit dir gemeint hat, du hast es immer tapfer ertragen. Wir sind so stolz auf dich und unendlich traurig.

In Liebe:
Anke H   mit Anna und Jonas
Ute H
Uli und Anja H   mit Louis und Julius
Ulla und Werner H   mit Johann, Leo und Ben
Ilona und Rudi R   mit Oma Hilde
Torsten und Dani R   mit Rino und Nick
die große Familie und die vielen lieben Freunde

51674 Wiehl-Bielstein,

Die Trauerfeier mit anschließender Baumbestattung der Urne findet am Samstag, dem 18. Januar 2014 um 14.00 Uhr auf dem Friedhof in Steinacker statt.

Anstelle freundlich zugedachter Blumen und Kränze bitten wir um eine Spende für die Deutsche Krebshilfe e.V. auf das Sonderkonto 807 800 bei der Sparkasse Wiehl, BLZ 384 524 90.

Das Foto zeigt einen freundlichen jungen Mann, über dessen Verlust man unwillkürlich mitklagen möchte. Aber ohne Namen und Lebensdaten macht die Anzeige einen etwas unvollständigen Eindruck. Nun haben wir ja schon häufiger den Trend beobachtet, in Todesanzeigen den bürgerlichen Namen ungenannt zu lassen. Doch weil die übrigen Namen und Daten gewissenhaft genannt werden (bis hin zur Bankleitzahl des Spendenkontos), schließen wir nicht aus, dass die wichtigste Information versehentlich unter den Tisch gefallen ist.

Ganz anders liegt der Fall bei unserem nächsten Beispiel. Hier könnte man eine anonyme Selbstanzeige mit Foto vermuten. Doch ein Artikel, der in der gleichen Zeitung am darauffolgenden Tag erschienen ist, bringt Klarheit: Es handelt sich um eine Anzeige, die der ehemalige Wirt vom örtlichen »Fischer Stüberl« für seine Frau aufgegeben hat. Das Paar war am Ort vielen bekannt, doch lebte es seit einigen Jahren sehr zurückgezogen. Das Bild zeigt die Frau in jungen Jahren. Der Text geht zurück auf eine Aussage von ihr, als sie schon schwer krank war: »Eines Tages bin ich nicht mehr.« Die Anzeige habe er ihr zuliebe aufgegeben. Dabei ist die Aussage seiner Frau ja an ihn selbst gerichtet.

Ich bin nicht mehr

Freitag,
19. Juli 2013,
22.34 Uhr

Dass man noch einen Schritt weitergehen kann ins Private, zeigt die folgende Gedenkanzeige. Auch hier werden keine Namen genannt. Nicht einmal ein Sterbedatum. Und die Verstorbene bekommen wir nur in der Rückansicht zu sehen.

Du warst immer schnell und weit vorne dabei, heute vor zwei Jahren bist Du viel zu schnell und zu früh gegangen.

Du fehlst...

Künstlerisch verfremdet ist das Foto, das vermutlich Ingrid H. in Rückansicht mit kleinem Marschgepäck zeigt. Die Freunde, die sich namentlich nicht zu erkennen geben, wählen ein Motto, das auf ein recht einsames Ende schließen lässt.

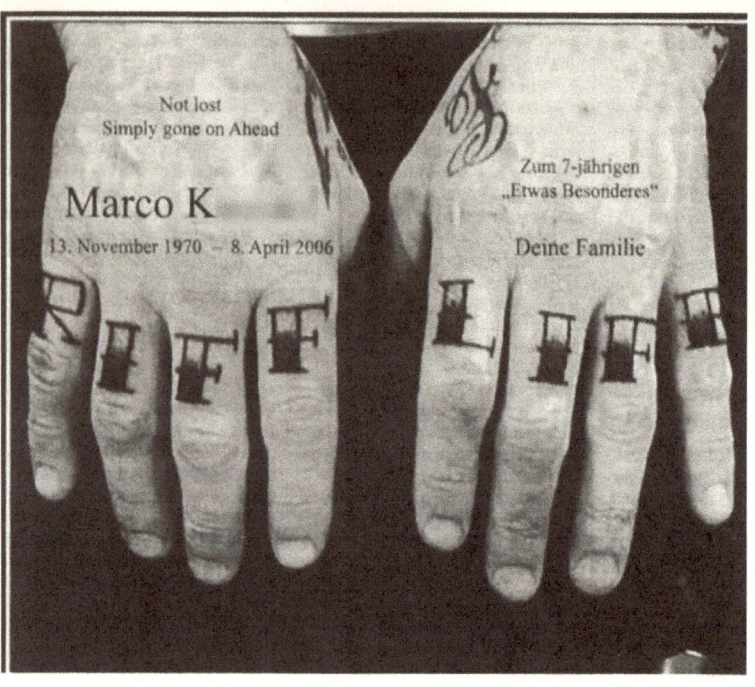

Wenn jemand schon tätowierte Hände in einer Todesanzeige zeigt, dann sind wir als unbedarfte Zeitungsleser geneigt zu glauben: Die gehören bestimmt dem Verstorbenen. Einem ziemlich harten Burschen, an den sieben Jahre nach seinem Tod erinnert werden soll. Doch gehören die beeindruckenden Pranken dem Sänger, Gitarristen und Songwriter James Hetfield von der amerikanischen Metal-Band Metallica. Der ist durchaus noch am Leben. Und so müssen wir annehmen: Marco K. war ein großer Fan der Gruppe, wenn seine Familie ihm auf diese Weise eine besondere Freude machen möchte.

Die Anzeige für Marco K. deutet es schon an: Unter den Fotomotiven sind nicht nur Bilder der Verstorbenen zu finden. Auch Objekte, denen sie sich besonders verbunden fühlten, werden gelegentlich fotografisch dokumentiert. Das belegt die nun folgende Auswahl an Anzeigen. Dabei beeindruckt die Außenansicht des Hauses von Emma L. vor allem durch ihre Unauffälligkeit. Gewiss kein unsympathischer Zug.

Sie hätte zwar nichts dagegen gehabt, 100 Jahre alt zu werden, wurde jetzt jedoch von ihrem Leiden erlöst. Sie starb ihrem Wunsch gemäß am 8. Oktober 2014 in ihrem Haus.

Wir trauern um

Emma L
geb. H
* 27. 4. 1926   † 8. 10. 2014

Manfred
Jutta und Armin
Christel und Hans-Peter
Dora und Ortwin
Thomas und Simone

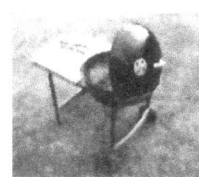

„Ich bin nicht tot, ich tausche nur die Räume,
ich leb' in euch und geh' durch eure Träume."
Michelangelo

Jürgen W
* 25. Januar 1955   † 2. August 2014

Alltagsnah und doch ungewöhnlich ist auch das Bildmotiv in der Anzeige für Jürgen W. Durch die Kombination mit dem Zitat von Michelangelo wird deutlich, dass wir es wohl nicht mit einem rustikalen Brutzler zu tun haben, sondern mit einem Künstler am Kugelgrill.

Över de stille Strooten
geiht kloor de Glockenschlach;
guude Nacht! Dien Hard will schloopen,
und morgen is ok een Daach.

Werner G▇

* 25. 4. 1937 † 9. 6. 2015

Wir wären alle so gerne zusammen geblieben.

Deine Christel
Michael und Meike
Sabine
Susanne und Frank
Dein Enkel
Philip und Annika
Dein Bruder Helmut

25899 Niebüll

Auch wenn dem elektrischen Rasenmäher als moderne Form der Sense eine gewisse Nähe zum Tod nicht abzusprechen ist – als Fotomotiv begegnet er uns sehr selten in Todesanzeigen. Daher vermuten wir bei Werner G. eine starke persönliche Neigung zur Rasenpflege.

Bei Klaus hingegen, dessen Familienname ungenannt bleibt, erschließt sich dem uneingeweihten Leser nur schwer, in welcher Beziehung der Verstorbene zum kunstvoll gestalteten Wasserhahn gestanden haben mag.

In den schweren Stunden des Abschieds von

Klaus

* 8. Dezember 1951 † 8. Mai 2019

haben wir überaus viel Liebe und Anteilnahme erfahren.
Wir danken von Herzen allen, die sich mit uns verbunden
fühlten, allen Verwandten, Freunden und Bekannten.

Im Namen aller Angehörigen:
Jutta L▇ geb. B▇

Statt Karten

Franz S

* 21.02.1929 † 30.01.2013

Danke

sagen wie allen, die sich in stiller Trauer mit uns verbunden fühlten, ihre Anteilnahme in vielfältiger Weise bekundeten und mit uns gemeinsam Abschied nahmen.

Käthe S
und Familie

Ein sehr ungewöhnliches Fotomotiv wählt Familie S., um den still Mittrauernden für ihre Anteilnahme zu danken. Vermutlich war Franz S. ein so enthusiastischer Waidmann, dass die Hinterbliebenen einfach nicht auf diese Aufnahme verzichten wollten. Vielleicht auch als Hinweis auf die »ewigen Jagdgründe«, in denen Franz S. künftig die Büchse knallen lässt.

*Ich sehe mit Andacht, aus Wolken gebor'n,
den Berg aller Berge, das Matterhorn.
Ich kann mich nicht satt seh'n, es raubt mir die Ruh',
fast möchte ich glauben, es lächelt mir zu!*
Brigitte T   2006

In großer Dankbarkeit nehmen wir Abschied von meiner geliebten Frau, unserer lieben Mutti, Schwiegermutter, Omi und Uromi.

Brigitte
T

geb. F

* 6. 1. 1936   † 17. 5. 2013

Wir sind sehr traurig

Dieter T
Brigitte und Jürgen N mit
Eva und Björn, Eric mit Jonas und Isabel
Lorenz T **und Annett P**
Karin und Axel H mit
Sören, Leonie, Jannik und Sabrina

Brigitte T. zog es hingegen hoch hinauf ins Gebirge. Dabei hegte sie offenbar eine besondere Vorliebe für das Matterhorn und für kühne Reime. Grund genug für die Hinterbliebenen, mit einem Foto des stolzen Bergs die Anzeige abzurunden.

Bei unserer letzten Anzeige ist es nicht allein das sympathische Foto der Verstorbenen, das uns berührt, sondern mehr noch das Foto von ihrem Abschiedsbrief, den sie einen Tag vor ihrem Tod geschrieben hat. Darin finden sich die Worte, die diesem Kapitel den Titel gegeben haben.

Evelyn M
geb. N
* 16. Dezember 1947   † 29. November 2014

Wir haben Dich auch so lieb
Deine Nachteule Wilfried
Dein Mäuschen Steffi
und Dein Arthur Paul

Sieht ja nicht
gut aus.
Im Ernstfall lasst
mich gehen. Ich
habe ich euch
sooo lieb.
Kümmert euch
um Mierd.

Evelyn, 28.11.14

Wir haben in aller Stille Abschied genommen.

Bestattungen VIALDIE, Westerstraße 118, 28199 Bremen

»Die Trauerfeier findet in Musterhausen auf dem Musterfriedhof statt«
Kleine Fehler und Missgeschicke

Fehler in Todesanzeigen sind besonders unangenehm. Denn sie dienen ja auch dem Abschied vom Verstorbenen. Und wenn da etwas missglückt, lässt sich das so wenig korrigieren wie ein peinlicher Abschiedsgruß. Der bleibt erst mal so stehen. Für Außenstehende können solche Fehler hingegen ihren Reiz haben. Keineswegs aus Schadenfreude, sondern weil manche Fehler unsere Erwartungen und Konventionen erfrischend durchbrechen. So etwas macht Vergnügen. Darüber hinaus regen manche Fehler auch unsere Vorstellungskraft an. Wir malen uns aus, wie es wohl wäre, wenn der Fehler zuträfe.

Unsere erste Anzeige entstammt der Welt des Militärs. Wolfgang H. war offenbar ein angenehmer, umgänglicher Mensch. Dass seine Vorgesetzten ihm nun dafür »danken«, dass er der Mannschaft fehlt, ist gewiss ein Versehen. Doch es stellt sich schon die Frage: Ist es nicht so, dass man manche liebenswürdigen Kollegen erst richtig zu schätzen weiß, wenn sie nicht mehr da sind? Entfalten sie nicht erst dann so recht ihre wohltuende Wirkung, wenn man sie schmerzlich vermisst? Dafür kann man schon mal Danke sagen.

Für uns alle unfaßbar verstarb unser Mitarbeiter

Wolfgang H

28. 12. 1949 – 13. 4. 1999

Sein ausgleichendes Wesen und seine ruhige Art werden unserer Mannschaft fehlen, wir danken ihm dafür.

Marinestützpunkt Eckernförde

S   K
Kapitänleutnant   Personalrat
Dienststellenleiter

Peter F

ist an seinem Geburtstag
davon gesegelt

Danke
Vera F

Auch im zivilen Leben wird manchmal allzu unvermittelt »gedankt«. Im Fall von Peter F., der ausgerechnet an seinem Geburtstag »davongesegelt« ist, kann der gewiss nicht beabsichtigte Eindruck entstehen: Endlich ist er weg. Dabei gehört die Anzeige eher in die Reihe derer, die davon erzählen, dass der Verstorbene endlich ungestört seinem Hobby nachgehen kann. Mehr dazu im Kapitel »Mit deinen Tomaten bist du uns oft auf die Nerven gegangen« (ab Seite 155).

Eine beliebte Umschreibung für den Tod ist das »Herz, das aufgehört hat zu schlagen«. In aller Regel handelt es sich dabei um ein gutes Herz. Und so dürfte es sich auch bei Josef T. verhalten, der darüber hinaus in seiner Familie eine zentrale Stellung eingenommen hat. Doch weil seine Hinterbliebenen beides zugleich ausdrücken wollen, wählen sie eine etwas irritierende Formulierung.

Unser Mittelpunkt hat aufgehört zu schlagen, wir bleiben zurück in stiller Trauer.

Josef T

* 23. 6. 1941   † 16. 12. 2003

In Liebe und Dankbarkeit
nehmen wir Abschied:
Anita T geb. S
Tanja T mit Kindern
Marta und Ainhoa
Sophie L geb. T
und alle Angehörigen

> In Dankbarkeit nehmen wir Abschied von
>
> # Hans-Joachim D
>
> Hans-Joachim D hat die Alte Schule Hutzfeld aufgebaut und zu einer besonderen Schule gemacht. Seit 1976 leitete er seine Schule mit Herz, Verstand und dem Mut zu unmenschlichen Lösungen von Problemen.
>
> Er hatte ein offenes Ohr für seine Schüler, Eltern und Kollegen.
>
> Wir werden ihn und seinen Rat vermissen.
>
> **Schüler, Eltern und Kollegium
> der Alten Schule Hutzfeld**

Mut ist eine rühmenswerte Tugend, zumal für einen Schulleiter. Doch drängt sich bei der Anzeige für Hans-Joachim D. der Eindruck auf, er habe es bei den anvisierten Lösungen am menschlichen Maß fehlen lassen. Dabei wollten Schüler, Eltern und Kollegen gewiss nur sein ungewöhnlich starkes Engagement für die gute Sache hervorheben.

Und da wir gerade vom Engagement gesprochen haben: Auch in der Anzeige für den langjährigen Vereinsvorsitzenden Rolf W. wäre das wohl der treffende Begriff gewesen. Doch dass »der Vorstand« in charakteristischer Weise danebengreift, ist zu begrüßen. Denn nicht nur im Landwirtschaftlichen Verein Schönkirchen und Umgebung e.V. ist es für ein gedeihliches Vereinsleben oftmals wichtiger, sich zu arrangieren, als sich übertrieben stark zu engagieren.

> In tiefer Betroffenheit nehmen wir Abschied von unserem langjährigen Vorsitzenden und Ehrenmitglied des Landwirtschaftlichen Vereins Schönkirchen und Umgebung e.V.
>
> # Rolf W
>
> Wir danken Rolf W für sein beispielloses Arrangement für den Verein und wünschen Anne und den Kindern viel Kraft.
>
> **Der Vorstand**

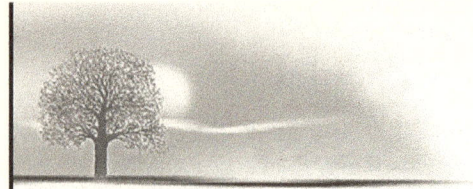

Auch nach 7 Jahren vergessen!

In Erinnerung an

Norbert B

* 03.10.1949 † 17.06.2013

Deine Ehefrau Regina B
Dein Sohn Silvio B
mit Familie
Dein Sohn Danny B

»Denken Sie immer daran, mich zu vergessen«, lautet der Grabspruch des (hoffentlich) noch immer sehr lebendigen Künstlers Timm Ulrichs. Bei Norbert B. verhält es sich offensichtlich ähnlich. Und auch wenn die prosaische Erklärung lautet, dass da einfach nur ein »un« vor dem Vergessen vergessen wurde, so bleibt eine Anzeige, die daran erinnert, dass Norbert B. »auch nach 7 Jahren vergessen« ist, weit eher in Erinnerung als die vermeintlich korrekte Formulierung.

Der lange Leidensweg von Werner M. ist zu Ende. Doch fragen wir uns jetzt schon: Wann hat er begonnen?

Ein langer Leidensweg
- mit großer Geduld ertragen -
ist nach 62 gemeinsamen Ehejahren zu Ende.

Werner M

* 8. 1. 1928   † 5. 5. 2015

In stiller Trauer:
Hedwig M
mit allen Angehörgen

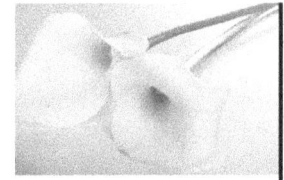

Am Ende wird alles gut...

Unsere Mutter ist tot.

Gisela R

geb. L

* 20. 11. 1943
† 28. 08. 2016

Ihre Kinder
Alexander, Juliane und Jennifer

Wenn es noch nicht gut ist,
ist es noch nicht das Ende
(Oscar Wilde)

Ende gut, alles gut, dachten sich die Hinterbliebenen von Gisela R. Und wir wollen annehmen, dass sie mit ihren Worten Trost spenden oder Zuversicht ausstrahlen wollten. Allerdings ist die Verbindung von Tod und Gutgewordenem allzu eng. Und das Mutmach-Zitat von Oscar Wilde bekommt in diesem Zusammenhang einen neuen Sinn: Erst wenn wir richtig tot sind, ist es wirklich gut. Worüber man mal näher nachdenken könnte ...

In Liebe und Dankbarkeit nehmen wir Abschied von meiner lieben Frau, Mutter, Schwiegermutter, Großmutter und Urgroßmutter

Ursula F

geb. W

* 5. 4. 1938   †

In stiller Trauer:
Adolf F
Karola G   mit Janina und Francisco
Ralf mit Uli und Jstin
Jörg mit Gina und Jolina,
Deborah und Elisabeth
sowie alle Angehörigen

Die Trauerfeir mit anschließender Urnenbeisetzung
findet am, ..., dem .... Uhr
auf dem Friedhof in Ober-Rosbach statt.

Die Anzeige für Ursula F. kommt womöglich ein wenig vorschnell. Das Sterbedatum ist zumindest noch offen. Und auch der Termin der Trauerfeier auf dem Friedhof in Ober-Rosbach ist noch nicht endgültig fixiert. Vermutlich bestand die Hoffnung, bis zum Drucktermin die Leerstellen noch auffüllen zu können. Umso erstaunlicher, dass die Anzeige so erschienen ist.

Auch in der Anzeige für Ingrid P. bleibt manches offen. Das verantwortliche Bestattungsunternehmen hat offenbar vergessen, den unteren Mustertext gegen die individuellen Angaben auszutauschen. Doch auf diese Weise weitet sich unsere Perspektive unvermittelt ins Allgemeine, ja Mustergültige. Und man würde sich am 0. 0. 0000 zu gerne um 0 Uhr auf dem Musterfriedhof in Musterhausen einfinden. Eines immerhin scheint sicher zu sein: Es ist ein Donnerstag.

Die Erinnerung ist das einzige Paradies,
aus dem wir nicht vertrieben werden
und zu dem wir jederzeit gehen können.

In Liebe und Dankbarkeit nehmen wir Abschied von unserer
lieben Mutter und Oma

Ingrid P

geb. S

* 15. 2. 1934   † 30. 7. 2015

Im Namen der Familie:

Sabine und Dietmar

00000 Musterhausen, Musterstraße 00

Die Trauerfeier findet am Donnerstag, dem 00. 0. 0000 um 00.00 Uhr in Musterhausen auf dem Musterfriedhof statt.

> TODESANZEIGE STATT KARTEN
>
> Spruch
> (optional)
>
>
> Text über Name (optional)
>
> # Tilla G▮
> * 28.02.1926   † 30.06.2014
>
> Text unter Name (optional)
>
> Text unter Name2 (optional)
>
> Traueranschrift (optional)   Hinterbliebene geb. Mustermann
>
> Trauerfeier (optional)

Noch im Rohbau befindet sich die Anzeige für Tilla G., die tatsächlich so in der Badischen Zeitung erschienen ist. Immerhin lässt sich ihr entnehmen, was in einer Todesanzeige »optional« alles möglich ist.

Pflege über den Tod hinaus, das könnte man annehmen, wenn man den ersten Satz unserer nächsten Anzeige liest. Ja, John-A. R. scheint überhaupt erst anzufangen, wenn die meisten anderen ihre therapeutische Behandlung einstellen. Doch dann stellt sich heraus: Der Sohn kümmert sich keineswegs um die Füße seines verstorbenen Vaters, sondern übernimmt dessen Praxis als medizinischer Fußpfleger. Und das ist uns nun wirklich sympathischer.

> Ich habe die med. Fußpflege meines verstorbenen
> Vaters übernommen.
>
> Die Praxis wird von mir in seinem Sinne
> weitergeführt.
>
> **Med. Fußpfleger
> John-A. R▮**

Beschließen möchten wir dieses Kapitel mit einer Anzeige, die in ihrer Fehlerhaftigkeit alle vorangegangenen weit hinter sich lässt. Dass da etwas nicht stimmt, ahnt man bereits beim nicht ganz unbekannten Bibelvers »Befiehl dem Herrn Deine Wege ...« (Psalm 37:5). Der wird einem nicht näher bezeichneten »Spruchautor« zugeordnet. Aber das ist erst der Anfang ...

Tatsächlich haben wir uns gefragt, ob diese Anzeige nicht ein Witz ist: Mit dem falsch berechneten Alter, der Koblenzer Adresse »Straße und Hausnummer«, dem Beerdigungstermin, der vor dem Sterbedatum angesetzt ist und »von der Friedhofskapelle aus« stattfindet. Doch mittlerweile ist eine korrigierte Version der Anzeige bei der betreffenden Regionalzeitung online abrufbar. Im Portal mit den Traueranzeigen. Das Verstörende ist nur: Die fehlerhafte Anzeige steht direkt darüber.

/ # »Wer kennt noch dieses zweihändige Arbeitswunder?«

Berufliches

In vielen Anzeigen steht der Beruf im Vordergrund. Unternehmen, Vorgesetzte, Kolleginnen und Kollegen geben sich posthum als Freunde zu erkennen, aber auch Familienangehörige weisen gern auf die beruflichen Verdienste der Verstorbenen hin. Es herrscht ein freundlicher, ja, wertschätzender Grundton – vor allem im Vergleich zu den Annoncen, die den Untiefen der Familien- und Ehehöllen entstammen.

Daraus sollten wir jedoch keine falschen Schlüsse ziehen. Negative Nachrufe aus dem Berufsleben gäbe es sicherlich in großer Zahl, wenn sich die Chefinnen und Chefs, Mitarbeiter und Geschäftspartner ebenso verpflichtet fühlen würden, richtigzustellen, nachzutreten und die unerfreulichen Eigenschaften allgemein bekannt zu machen. Tun sie aber nicht. Wer unangenehm aufgefallen ist, bekommt gar keine Anzeige.

Beginnen möchten wir mit einem schönen Stück aus dem letzten Jahrhundert. Die Anzeige stammt aus einer Zeit, da man mit einem harmlosen Wortspiel noch ein Lächeln auf die Lippen der Leser zaubern konnte. Und das war schon ungewöhnlich genug.

Er „kehrt" nie wieder

Günther S

Bezirkskaminkehrermeister a. D.
* 18. 8. 1924   † 26. 1. 1991

Rosenheim, Schechen, Oberaudorf,
den 29. Januar 1991

Wir werden uns immer an Dich erinnern, auch wenn Du nicht mehr unter uns bist,
die Spuren Deines Lebens werden uns nie vergessen lassen.
Du wirst noch in vielen Schuhen weiterleben.

Wenn die Kraft versiegt, die Sonne nicht mehr wärmt,
dann ist der ewige Frieden eine Erlösung.

Nach einem arbeitsreichen Leben verstarb Schreinermeister
und Erfinder der Odenwälder Natursohlen

Peter H

* 1. 7. 1931   † 16. 9. 2013

Irmgard S

Gerade im Berufsleben stellt sich die Frage oft: Was bleibt? Für Peter H. ist die Antwort schnell gefunden. Als Erfinder der Odenwälder Natursohlen wird er noch »in vielen Schuhen weiterleben«. Da kann man schon ein wenig neidisch werden. Denn was ist geeigneter, Spuren zu hinterlassen, als Schuhe?

Als Leser der Todesanzeigen werden wir immer wieder Zeugen davon, dass ein ganz Großer abtritt, von dem wir bis dahin noch nie gehört haben. So verhält es sich bei Hans M., dem Erfinder des »weltersten Dusch-WCs«, einem »sanitärtechnischen Meilenstein«, an dem wir womöglich bislang achtlos vorbeigeschlendert sind.

clos●maT°

Embrach, September 2013

Wir haben die schmerzliche Pflicht, Ihnen den Hinschied von

Hans M

14. Juli 1918 – 19. September 2013

bekannt zu geben.

Hans Maurer hat 1957 mit seiner Erfindung des weltersten Dusch-WCs «Closomat» einen sanitärtechnischen Meilenstein zur wesentlichen Verbesserung der Körper-Hygiene gelegt. Mit seinem Pioniergeist und aussergewöhnlichem Durchhaltewillen hat er es geschafft, die revolutionäre Idee gegen hartnäckigste Widerstände und Tabus zu einer breiten Akzeptanz und die von ihm gegründete Firma zum Erfolg zu führen. Die Marke «Closomat» avancierte zum Inbegriff für die Produktgattung der «duschenden WCs». 1983, als er in den wohlverdienten Ruhestand trat, konnte er mit Genugtuung auf ein intensives und gelungenes berufliches Leben zurückblicken und die weiteren Geschicke des Unternehmens in die Hände der 2. Generation legen.

Wir werden das Andenken des Verstorbenen in respektvoller Erinnerung bewahren und sind stolz auf sein einzigartiges Lebenswerk, als Basis für unser berufliches Engagement.

Verwaltungsrat, Geschäftsleitung und Mitarbeitende der
Closemo AG (Schweiz)
Closomat GmbH (Deutschland)

Deutlich kleiner fällt die Anzeige für Martin R. aus. Doch ist es gerade der Gegensatz von Großherzigkeit und kleiner Drogerie, die den »Big Boss« so liebenswert erscheinen lässt.

Das große Herz der
„Kleinen Drogerie"
hat aufgehört zu schlagen

Martin R

Wir trauern um unseren Chef
„Big Boss"

**Rita, Simonchen
und Katti**

Nachruf

Ralf S███

Chef, Sandalenträger und Porschefahrer mit Hut
* 30. 05. 1960   † 18. 11. 2013

Ralf war bisher der einzige Chef für den ich ohne jede Einschränkung gerne gearbeitet habe. Er war bodenständig, sozial, großzügig und beliebt bei seinen Mitarbeitern.

Sein unkonventioneller Führungsstil und seine Sprüche waren einzigartig.

Wir alle hatten in den Jahren der COC unter seiner Leitung (mit großer Unterstützung durch seine Frau Rita) sehr viel Spaß in der Arbeit, privat und auf zahlreichen unvergessenen Firmenfeiern. Die Firma war sein Leben und darüber hat er vergessen an seine Gesundheit zu denken.

Herzlichen Dank an die Fußballer des TSV Kastl für die (einzige!) Grabrede. Treffend formuliert, genau so war Ralf.

Ich werde nicht nur seinen trockenen Humor vermissen.

Bernhard A
(Mitarbeiter Nr. 10 / 1995)

Mitarbeiter Nummer 10/1995 Bernhard A. verfasst einen warmherzigen Nachruf auf den »einzigen Chef, für den ich ohne jede Einschränkung gerne gearbeitet habe«. Menschen, die Karriere gemacht haben, stellen sich manchmal die Frage, wie sie der Nachwelt in Erinnerung bleiben wollen. Nun, der großzügige »Sandalenträger und Porschefahrer mit Hut« bietet da ein ganz gutes Beispiel.

Nun hat sich unser geschätzter Mitarbeiter doch so schnell von uns verabschiedet.
Die Firma Globe Chemicals GmbH in Hamburg wird Sie und Ihre Unterstützung sehr vermissen, lieber

Detlef B

denn Sie haben uns den Unterschied zwischen Urin und Uran gelehrt und von Ihnen wissen wir, dass Hamburg zwar das Tor zur Welt ist, Bremen aber den Schlüssel hat.

Wir wünschen Ihnen eine gute Reise und wir werden mit Sicherheit viel und gern an Sie denken.

Olaf B - Kai K - Oliver S - Klaus K - Herbert B und das gesamte Globe-Team

---

Auch Mitarbeiter bleiben bei den Kollegen manchmal in guter Erinnerung. So wird Detlef B. mit viel Witz und Leichtigkeit vom Team gewürdigt. Man mag kaum glauben, dass er wirklich gestorben ist.

Unter dem Motto: "So arbeiten wir hier nicht!" bringt sie jetzt den Engeln im Himmel das akkurate Nähen bei.

Marianne W
17. Februar 1923 – 23. Juli 2017

Wir sind sehr traurig.
Die Damen vom Singer-Nähstudio Hamburger Straße und Osterstraße

---

Von Marianne W. können sogar noch die Engel etwas lernen. Mit sanfter Ironie gedenken die »Damen vom Singer-Nähstudio« ihrer etwas gestrengen und perfektionistisch veranlagten Kollegin.

> Unser Bananen-Max, unser Öl-Max, unser Wasser-Max, unser Auto-Max, unser «läng mir, gib mir, hol mir, mool mir, bring mir, flick mir»-Max, kurz unser Fachmann für alle Fälle, hat uns heute für immer verlassen. Traurig nehmen wir jetzt Abschied von unserem langjährigen Mitarbeiter und Freund
>
> ## Max Br███-H███
>
> 11. Juli 1912 – 15. Januar 2001
>
> Im hohen Alter von 88 Jahren konnte unser Max nach kurzer, schwerer Krankheit friedlich einschlafen.
>
> Wir werden seine wahrhaft unschätzbaren Dienste, seine Zuverlässigkeit und seine Sorge um Mensch und Material äusserst missen. Hinter seiner harten Schale war immer ein weicher Kern. Wir danken Max für all seine Arbeiten und alles, was er für uns in so vielen schönen Jahren getan hat. Wir werden ihn niemals vergessen und sprechen seiner Frau unser tiefstes Beileid aus.
>
> **F. + E. Zimmermann AG**
>
> Geschäftsleitung und Mitarbeiterinnen/Mitarbeiter

Geradezu liebevoll wird Max Br.-H. verabschiedet. Als Firmen-Faktotum hat er sich eine stolze Anzahl von Beinamen erworben. Dabei beeindruckt vor allem die Mischung: Allein die Kombi von »Bananen-Max«, »Öl-Max« und »Wasser-Max« deutet auf ein einzigartiges Multitalent hin. Der Mann wurde in der Firma wirklich überall gebraucht.

Ebenfalls mehrere Qualitäten vereinte Hans Jürgen N. auf sich. Der Inhaber einer Elektrofirma wird liebevoll als »Chefchen und Herrchen« verabschiedet, was darauf hindeutet, dass er von Menschen und Hunden gleichermaßen geschätzt wurde.

Eine lange Tradition findet ein plötzliches Ende

Firma Elektro Nohl Echzell

Hans Jürgen N.

Wir nehmen Abschied von unserem Chefchen und Herrchen, der uns am 04.10.2016 für immer verlassen hat.

Im Andenken:
Renate, Stefan
Birgit, Egon
und seine geliebte Truxi

Wir trauern um

Rudolf R.

* 23. September 1930   † 4. Januar 2015

unseren Lehrer, Mentor und Freund.

Er führte uns zum Abitur und begleitete uns über 50 Jahre – bei vielen Klassentreffen – mit spöttischem Rat und liebevoller Lebenshilfe.

**Seine Abiturklasse OIb 1963
am Humboldtgymnasium Solingen**

Lehrkräfte prägen einen manchmal noch über die Schulzeit hinaus. Doch dürfte der Fall vom spöttisch-liebevollen Pädagogen Rudolf R. einzigartig sein. Seine Abiturklasse verabschiedet sich von ihm, mehr als 50 Jahre nach der Reifeprüfung, nun selbst im Rentenalter.

Endlich gibt es im Himmel vernünftiges Brot.

Heinz K.
13.02.1949 – 24.02.2016

Wir trauern um einen der besten Bäckermeister der Stadt:

Unseren Bruder, Schwager, Onkel und Freund.

Familie Wilhelm K. vom Templergraben.
Wilhelm, Annemarie, Karl-Heinz, Thomas und Willy mit Familie.

Die Hinterbliebenen von Bäckermeister Heinz K. würdigen seine Talente nicht nur mit einer schönen Anzeige. Sie verstehen auch eine Menge von Marketing. Zumindest wollen wir hoffen, dass seine Bäckerei auf Erden noch eine Niederlassung behält.

Danke für viele herrliche Geschichten.
Werbung etc. trauert um Dieter B̦̦̦̦̦̦ .

WERBUNG etc.

Die Agentur »Werbung etc.« trauert in zwei knappen Sätzen um ihren Mitarbeiter Dieter B. Doch die Gestaltung der Anzeige lässt keinen Zweifel: Hier sind Profis am Werk, die die Dinge auf den Punkt bringen. Und die wissen, dass Leerraum den Worten mehr Gewicht gibt.

Die drei Töchter verabschieden sich mit Kind und Cash vom Alt-Berliner Gastwirt »Kutte« G., nicht ohne die unvergleichlichen Vorzüge der geräumigen Kneipe »Treff Punkt« ins rechte Licht zu rücken. So muss das sein bei einem echten Familienlokal.

Als »Vertrauenswirtin« einer Gaststätte, die ähnlich fußballaffin gewesen sein dürfte wie der Alt-Berliner »Treff Punkt«, sorgte Marion M. offenbar für gute Stimmung. Da ist es schon eine nette Geste, dass die Stammgäste ihr zum Aufstieg in eine höhere Liga alles Gute wünschen.

> **Marion M**
> geb. K
> * 2. September 1968 † 30. Dezember 2014
>
> Die Wirtin unseres Vertrauens hat unsere Liga
> für immer verlassen und ist aufgestiegen.
>
> Marion wird uns mit ihrer ansteckenden Fröhlichkeit
> sehr fehlen.
>
> Möge sie ruhen in Eintracht!
>
> Die Schinderhannes-Stammgäste

Weniger vom Aufstieg als von sympathisch »gammeliger« Kontinuität kündet unsere nächste Anzeige: Doch wenn die treuen Stammgäste mehr als 10 Jahre nach der Schließung so eine liebevolle Anzeige texten, dann muss das »Jenseits« schon ein ganz besonderer Ort im Diesseits gewesen sein.

> ## Vom „Jenseits" ins Jenseits
>
> Die treue Seele unserer alten Kneipe „Jenseits"
>
> ### Norbert „Nobbi" K
>
> ist von uns gegangen.
>
> Er folgt seiner Hanne A nach,
> die 2013 verstorben ist.
>
> Zusammen waren sie die guten Seelen des „Jenseits"
> (1972 bis 2004) am Römling, in der Glockengasse
> und zuletzt in der Keplerstraße.
>
> Toll wäre, den Nobbi und die Hanne in einer gemütlichen
> und bissel gammeligen Kneipe (die heisst dann vielleicht
> „Diesseits") wiederzutreffen. In heaven there's no beer?
> Wer weiss - vielleicht doch ...
>
> Die Namenlosen Hanni R , Reinhard W
> Michael L , Cornelius F

Es geht allerdings auch umgekehrt: Wirtin Uschi trauert um ihren langjährigen Stammgast Peter J. Außenstehende mag irritieren, dass sie ihn auch ihren »ersten Zapfer« nennt. Das könnte darauf hindeuten, dass der Übergang vom Gast zum Personal in mancher Hinsicht »fließend« gewesen ist.

Peter J

* 24. Oktober 1947 † 31. Januar 2000

Einer meiner längsten, liebenswertesten und schwierigsten Stammgäste ist still von uns gegangen. „Mein erster Zapfer".

Uschi W

Bei so viel Nähe zwischen Wirtsleuten und ihren Gästen überrascht es nicht, dass ebenfalls eine Anzeige fällig wird, wenn die innig geliebte Kneipe schließen muss. Erst recht, wenn sie den Beinamen »Totenschenke« führt. Auch Stammgäste können Trauer tragen. Und wenn man die Namensliste durchgeht, sieht man sie schon vor sich, wie sie sich das letzte Mal zuprosten.

Du bist gegangen jetzt zur Ruh', das Schicksal setzt nun hart uns zu.
Wir kehrten gerne bei Dir ein, das soll uns nun verwehrt sein.

Gaststätte am Kellerberg

alias   alias
Gaststätte Prößdorf   Totenschenke

letzter Zapftag 27. Juni 1995

In stiller Trauer um die letzte Schmöllner Traditionskneipe:
Hubi   Manne   Moppel   Pfiff
Gerd   Ratzek   Wölfi   Reinhard
und alle anderen nicht genannten Stammgäste

Es ist nicht leicht, Du mußt gestehen,
vom Stammtisch weg nach Hause zu gehen.

Am Box-Ring fehlt ein Leuchtturm. Im Stadion ein kritischer Geist. In der Redaktion ein echter Typ.
Plötzlich wurdest Du aus unserem Leben gerissen. Dein großes Herz wollte nicht mehr.

THOMAS D
7. März 1963 – 3. August 2019

Wir vermissen Deine Sprüche. Deine Designer-Jeans.
Deine Gelassenheit. Deinen U-Boot-Klingelton. Deine Gespräche.
Deine Papierhaufen. Deine Ratespiele. Deine Witze.
Deine Ideen. Deine Kollegialität. Deine Geschichten.

Turbo, wir verneigen uns! Rest in Peace!

**Die Kollegen und Freunde der BILD-Sportredaktion
und Lokal-Redaktion von BILD Hamburg**

Sport- und Lokalredakteur Thomas D. wird von den Kollegen verabschiedet. Denen gelingt mit wenigen Worten ein ebenso warmherziges wie humorvolles Porträt. Und das Foto vom »Leuchtturm am Boxring« mit der Vorliebe für Designer-Jeans haben sie gewiss auch mit Bedacht ausgewählt.

Eine weitere Würdigung für einen Lokaljournalisten, diesmal vom Rand des Ruhrgebiets. Und auch den Kollegen von der Westdeutschen Allgemeinen, der WAZ, gelingt eine einfühlsame Charakterstudie.

Jo G▮▮▮ († 30.10.2014)

Wir verneigen uns vor einem prächtigen Kollegen und guten Freund.

Er konnte grantig sein. Das lag in seiner Statur. Denn Jo war ein Bär. Und die können manchmal brummen. Meist war er aber fröhlich und gut gelaunt. Ein Plauderer und Geschichtenerzähler. Charmant und umgänglich. Ein Wanderer in dieser kleinen Welt Dorsten. Zugleich ein geschätzter Zuhörer, wann immer jemand etwas erzählen wollte, und der es aufschrieb. Für den Stadtspiegel bis zuletzt und viele Jahre auch für uns, die Redaktion der WAZ in Dorsten.

Seine Texte haben die Menschen in Dorsten nicht nur gelesen, sondern gefühlt. Jo war empfindsam, er konnte Stimmungen einfangen, kannte die Marotten aller Ortsteile und unglaublich viele Menschen in dieser Stadt (manche Leute behaupten, von 80 000 Dorstenern kannte er 79 000). Er war in Östrich ebenso zu Hause wie in Rhade. Und wenn Dorsten sein Zuhause war, dann war das Marienviertel seine Heimat. Gern hat er berichtet über die "Marienkinder" in seiner Nachbarschaft.

Seine Leidenschaft war das Segelfliegen. Vielleicht, weil selbst Bären dort über den Wolken ganz leicht werden. Vielleicht, weil er von dort oben im Ganzen sah, was er am Boden in so vielen Details beobachtete. Vielleicht, weil dort die Arbeiterkinder die Piloten sein durften (wem Jo die köstliche Geschichte erzählt hat, der versteht die Pointe).

Am Donnerstagmorgen hat sich unser Bär davongeschlichen. Wir hoffen, dass er geflogen ist in die Wolken und dass er dort einen bequemen Platz gefunden hat, dass er dort ein bisschen brummen, den anderen zuhören und erzählen kann.

Wir bleiben hier unten und sind traurig

Deine alten WAZler

Sein Leben galt den Büchern

Heiko K

Buchhändler
Träger des Bundesverdienstkreuzes am Bande
*07.06.1927   †10.11.2019

In stiller Trauer:
Thomas und Irene K
Philipp K und Stephanie
Elena und Patrick R
Christiane K
mit Meike und Wiebke

Nase an Schnabel mit dem Buchfink: Manchmal sind es auch die sorgfältig ausgewählten Fundstücke, die eine Anzeige adeln. Wir wissen nicht, woher die Illustration und die treffenden Verse stammen, die Heiko K. zugedacht werden. Aber in ihnen kommt eine entspannte Heiterkeit zum Ausdruck, die wir sofort dem verdienstvollen Buchhändler zuschreiben.

Mehr noch als Büchermenschen stehen Mathematiker in dem Ruf einer gewissen Weltferne. Die Zahlenmenschen beschäftigen sich mit Problemen, die in ihrer Abstraktheit den meisten ihrer Zeitgenossen nicht unmittelbar zugänglich sind. Dass an diesem Vorurteil durchaus etwas dran sein könnte, legt die Anzeige nahe, die der Mediziner Michael B. mit feinem Humor für seinen Bruder, den Diplom-Mathematiker Christoph, aufgegeben hat. Als unbefangener Leser meint man im Motto von Günter Eich vielleicht noch so etwas wie die Poesie der Geometrie zu spüren. Immerhin behaupten ja manche, dass sich Parallelen im Unendlichen schneiden. Doch am Ende kommt Kurt Gödel zu Wort – und der Kenner nickt verständig, während alle andern wie üblich nichts schnallen.

Dorthin gehen, wo die Parallelen sich schneiden. Günter Eich

Tief betroffen nehme ich Abschied von meinem Bruder

Christoph B.

Diplom-Mathematiker
*7.2.1959 in Mindelheim   †14.7.2015 in Braunschweig

In tiefer Trauer
Dr. med. Michael B.
Traunstein/Freilassing

"Zu jeder w-widerspruchsfreien rekursiven Klasse K von Formeln gibt es rekursive Klassenzeichen r, so daß weder vGen r noch Neg(vGen r) zu Flg(K) gehört (wobei v die freie Variable aus r ist)."
Kurt Gödel 1931

Du bist nicht mehr da, wo du warst,
aber du bist überall, wo wir sind.

Helmut H

* 8. Oktober 1944   † 19. September 2016

0101010001110011011000110110100011111100110111110010001

Helmut H. war vermutlich Informatiker. Darauf deutet zumindest die Zeile unter seinen Lebensdaten hin. Doch welche Bedeutung die Einsen und Nullen haben, das erschließt sich uns ebenso wenig wie die Aussage von Kurt Gödel.

In Liebe und Dankbarkeit
Elsabeth und Nils
Thea, Gudrun, Hans, Rosi, Gert,
Therese, Albert, Ricke, Dietmar, Claudia
und Familien

Die Ostdeutsche Sparkassenorganisation, ihre Vorstände, ihre kommunalen Träger sowie ihre Mitarbeiterinnen und Mitarbeiter nehmen in großer Trauer Abschied von

Claus Friedrich H

verstorben am Weltspartag des Jahres 2013, dem 30. Oktober.

Manchmal kommt es knüppeldick — zum Beispiel, wenn der Leiter des ostdeutschen Sparkassenverbandes ausgerechnet am »Weltspartag« verstirbt. Doch ist zu vermuten, dass dies außerhalb der Sparkassenwelt nicht allzu vielen aufgefallen wäre…

In Liebe und Dankbarkeit nehmen wir Abschied von unserem Vater, Ehemann und Freund

Antal V

*4.8.1943 †6.5.2017

Sein Leben war wie seine Aufzüge
ein Auf und Ab,
nun hat er den Knopf nach
ganz oben gedrückt.

Eine enge Verbindung zwischen Beruf und Leben zeigt sich auch bei Antal V.

Einer der letzten seines Standes
Waagenbaumeister

Hans-Georg „Geo" S

Wir trauern um unseren ehemaligen
Betriebsleiter, Kollegen und Freund.

Abduhi, Martin, Tina-Maria,
Gaby und Wilfried

Sauerwein Waagen und Electronic GmbH

Mit manchen Menschen stirbt ihr Beruf gleich ein wenig mit. Und das ist doppelt schmerzlich, auch wenn wir gestehen müssen, dass uns vorher gar nicht bekannt war, dass bei besonderen Waagen ein »Baumeister« seine Hände im Spiel hat.

Deine Augen sollen geradeaus schauen,
deine Blicke richte nach vorn.
Sprichwörter 4,25

BERND W
Diplomingenieur
* 29.03.1945
† 08.01.2021

Akkurate Bilanz für einen Diplomingenieur: Es bleiben keine Baustellen. Und der Blick richtet sich nach vorn. Doch wir fragen uns: Die Leiter am Hochsitz, wo mag die wohl hinführen?

Ein Jahr lang hat er gekämpft.
In den letzten Tagen war er seinen Freunden und uns so nah.
Zurück bleibt eine große Lücke, aber keine Baustellen.

Er ist zu Gott gegangen.

Helene W
Annette & Henrik mit Wera, Rike, Leni
Christina & Werner mit Michael, Niko, Lissi, Johannes
Margret W   & Elisabeth V

Auch die Anzeige für Maurer Egon Z. führt uns bildmotivisch in den Wald. Aber das Besondere ist der Text, der fast schon hymnische Höhen erreicht und dabei doch stets bodenständig bleibt.

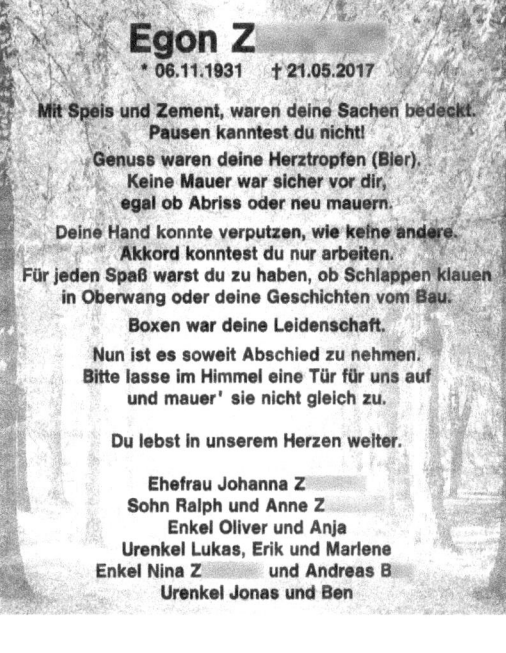

Egon Z
* 06.11.1931   † 21.05.2017

Mit Speis und Zement, waren deine Sachen bedeckt.
Pausen kanntest du nicht!
Genuss waren deine Herztropfen (Bier).
Keine Mauer war sicher vor dir,
egal ob Abriss oder neu mauern.
Deine Hand konnte verputzen, wie keine andere.
Akkord konntest du nur arbeiten.
Für jeden Spaß warst du zu haben, ob Schlappen klauen
in Oberwang oder deine Geschichten vom Bau.

Boxen war deine Leidenschaft.

Nun ist es soweit Abschied zu nehmen.
Bitte lasse im Himmel eine Tür für uns auf
und mauer' sie nicht gleich zu.

Du lebst in unserem Herzen weiter.

Ehefrau Johanna Z
Sohn Ralph und Anne Z
Enkel Oliver und Anja
Urenkel Lukas, Erik und Marlene
Enkel Nina Z   und Andreas B
Urenkel Jonas und Ben

In memory of   Mai 2002

WOLF-DIETER K▓

Bauingenieur und Architekt
Bauphysiker

Dein geliebter Beruf - eine Berufung. Für Deine Architekten-Kollegen ein Halbgott.

Es wird nie wieder so sein...

Der Wind schlug unserem
"Buch des Lebens" die Seiten zu.

Du fehlst!   In Liebe

Wolf-Dieter K. hat bei seiner Berufswahl offenbar alles richtig gemacht. Das bleibt auch den Kollegen nicht verborgen.

Wer kennt noch dieses zweihändige Arbeitswunder der Fa. Diehl?

Nach 28 Arbeitsjahren Rentnerin
Diehl, Isarstraße

Ida W▓

aus der Juttastraße starb am 1. März 2009
Nürnberg – Sudetenland

Zur Erinnerung:
Dein Toni
(Lokführer u. Insp. a. D., 57 Jahre Ehemann)
Bettina und Daniela

Der Titel »Halbgott« ist im heutigen Berufsleben sicher nicht leicht zu übertreffen. Doch wir finden: Lokführer und Ehemann Toni hat für seine Ida eine Formulierung gefunden, die das durchaus fertigbringt. Das ist umso mehr zu würdigen, als nicht viele Männer nach 57 Ehejahren die beruflichen Verdienste ihrer Gattin derart hochpreisen.

Beschließen möchten wir dieses Kapitel mit der Anzeige für die »liebe wilde Else«. Eine bemerkenswerte Frau, die das Altenheim verließ, um beruflich noch einmal neu durchzustarten – nun als angestellte Steuerberaterin!

Nachruf

Unsere sehr geschätzte Kollegin, Frau Steuerberaterin

Else G

ist am 15.06.2017 verstorben.

Sie hat nach Ende ihres ersten Berufslebens in eigener Praxis, einer schweren Krankheit und einem einjährigen Aufenthalt in einem Altenheim im Alter von 68 Jahren noch einmal ein zweites Berufsleben in unserer Praxis begonnen.

Bis zu ihrem 90. Lebensjahr hatte sie ihr Büro in unserem Hause und fuhr täglich mit ihrem Pkw von Rheinböllen nach Simmern zur Arbeit.

Als das Fahren nicht mehr so funktionierte, haben wir ihr ein home office in ihrem Hause installiert, in dem sie noch weitere zwei Jahre bis zu ihrem 92. Lebensjahr fehlerfrei arbeitete.

Ihr Beruf war ihre Berufung und ihr Lebenselixier zugleich.

Sie war uns ein Vorbild an Disziplin, positiver Arbeits- und Lebenseinstellung.

Ihr unbeugsamer Wille bis zum Ende ihrer Tage, das Leben in die eigenen Hände zu nehmen und selbstbestimmend auch im hohen Alter zu bleiben, war unnachahmlich.

Else, wir werden Dich nicht vergessen und Dir stets mit Hochachtung gedenken.
Du hinterlässt eine große Lücke in unserem Leben.

Danke liebe wilde Else.

Steuerberater Schüller & Conrad
und das ganze Team in Simmern

»Streuselkuchenfuddern gibbet nich'!«

Trauerfeiern

Fester Bestandteil einer Standardanzeige ist der Hinweis auf die Trauerfeier. Üblicherweise werden Ort und Datum mitgeteilt, es gibt Hinweise, wie man sich kleiden soll, häufiger, wie man sich nicht kleiden soll. Es wird vermerkt, dass man die Hinterbliebenen nicht mit »Beileidsbekundungen« behelligen soll. Oder dass man sich besser gar nicht blicken lässt, weil die Feier im »engsten Familienkreis« stattfindet.

ICH

hatte verfügt lautlos, bescheiden und ganz privat diese Welt zu verlassen. Dieser innige Wunsch wurde mir leider verwehrt. Gezwungenermaßen sage ich nun allen die mich kannten lebt wohl!

Hermann S

* 7. 10. 1944 † 23. 5. 2015

Meiner lieben Tochter und Enkelin, sowie meiner treuen Freundin danke ich von Herzen, da sie meine Entscheidungen stets respektierten und mittrugen!

Es trauern still um mich:

Claudia P
Jennifer P
Uschi W

Zu meinem großen Bedauern fand die Beisetzung gegen meinen Willen in aller Öffentlichkeit statt!

Nun läuft bei den Trauerfeiern nicht immer alles nach Plan. Doch ungewöhnlich ist es schon, deswegen eine weitere Traueranzeige zu schalten. Noch ungewöhnlicher ist es, wenn sich der Verstorbene darin selbst zu Wort zu meldet. Und am ungewöhnlichsten: wenn er sich darin beschwert, nicht »lautlos und bescheiden« beigesetzt worden zu sein. Ganz so, wie es Tochter, Enkelin und treue Freundin vorgesehen hatten.

Auch bei der Trauerfeier für Ehrentraud H. lief nicht alles wunschgemäß. Diesmal sind es jedoch Bruder und Schwägerin, die sich über das Bestattungsunternehmen beklagen. Ein Blumengebinde, zu spät geliefert und dann noch ohne den persönlichen, orthografisch eigenwilligen Abschiedsgruß – ganz klar, da ist eine »Nachruf-Berichtigung« fällig!

Nachruf-Berichtigung!

Unsere Anteilnahme zum Ableben meiner Schwester und Schwägerin

Ehrentraud H

geb. G

geb. 09. April 1926   gest. 26. Dezember 2010

durch ein Blumengebinde mit der Inschrift „Tschüß Traudel"
wurde nicht auftragsgemäß und zur Trauerfeier ausgeführt!
Bitter enttäuscht wurden wir durch die eigenmächtige Tatsache, dass unser Blumengruß
erst zur Urnenbestattung präsent wurde und die Inschrift in „Ein letzter Gruß" verändert wurde.

Gerhard und Waltraud G , Schwetzingen

Auch die Vertreter der Kirche werden nicht immer den in sie gesetzten Erwartungen gerecht. Allerdings wird man doch erst recht neugierig zu erfahren, was während der »vom Pfarrer fürchterlich abgehaltenen Messe« genau vorgefallen ist, wenn die Söhne bei den Trauergästen und beim Verstorbenen um Entschuldigung bitten.

Entschuldigung

Bei allen Mittrauernden, die am 12.02.2016 in Kerpen an der Beerdigung unseres Vaters teilnahmen, möchten wir uns für die vom Pfarrer fürchterlich abgehaltene Messe entschuldigen!

Bei unserem Vater taten wir dies bereits auf dem Weg zum Grab.

Peter und Ralf V

Und auch bei unserer nächsten Anzeige ist eine Entschuldigung fällig. Wobei sich hier der Verdacht aufdrängt, dass die Entschuldigung von Jan nicht ganz freiwillig erfolgt.

Tillus

Ich bedanke mich für die große Anteilnahme und insbesondere bei „Die Halle" für die Ausrichtung der Trauerfeier.

Ich entschuldige mich bei meiner Mutter, weil sie leider durch meinen Fehler in der Trauerrede nicht gewürdigt wurde.

Damit habe ich ihr zusätzlichen Schmerz bereitet.

Jan

Der Tod hat einen Fehler gemacht!

Matthias D
14.07.1953 – 16.12.2017

Manchmal liegt der Fehler aber auch beim Tod selber. Das finden zumindest die Freunde von Matthias D. und kündigen seine Trauerfeier als »Protestkundgebung« an.

Wir protestieren:
Henning A , Elisa F , Jette F , Julius F , Nando F ,
Gabriele G , Frieda H , Sanne H , Anne J , Branka K , Antje K ,
Eva M , Pauli Juliane M , Lutz R , Iris R , Anke R , Knut R ,
Jochen S , Peter S , Sebastian S , Connie Serstraße, Victorine Teerstraße,
Anna V , Elisabeth V , Olli V , Steffen Z

Protestkundgebung am Freitag, 9. Februar 2018 um 12h, Friedhof Heerstraße.

Es kann immer etwas dazwischenkommen. Doch ungewöhnlich ist es schon, wenn die Bestattung wegen eines Todesfalls abgesagt werden muss.

Plötzlich und für uns alle unfassbar ist unser Vater
Herbert E   kurz nach dem Ableben seiner Frau,
unserer Mutter ebenfalls verstorben.

**Die Bestattung von Frau Petra E
findet aus diesem Grund am Mittwoch,
den 11. März 2015 in Althen nicht statt.**

Die Trauerfeier unserer lieben Eltern erfolgt
zu einem späteren Zeitpunkt.

Ihre Kinder Maike, Michael und Ines mit Familien

Liebe Freunde,
Axel hier, Franzis Ehemann,

ich möchte meinen über alles geliebten Schatz,
meinen Engel mit einer Feier ehren,
bewegend, lebendig, einzigartig,
so zauberhaft, wie sie selbst.

Feiert Franzi mit mir! Füllt diesen Tag mit
Leben! Alle zusammen und sie mittendrin,
das hat sie sich immer gewünscht.

Wenn Ihr Franzi mal begegnet seid und
Lust und Zeit habt, dann kommt vorbei
und sagt es weiter. Aber bitte keinen Stress.

Wer nicht kommt, denkt an sie
oder schickt ein Lächeln.

Sie würde sich sehr darüber freuen.

Farewell Darling ... Ich werde dich immer
lieben, du wirst nie mehr alleine sein.

Du warst ein Lichtstrahl in unser aller Leben

Franziska P

* 06.05.1964   † 23.02.2019

**12.3.2019 um 10:00 Uhr
Waldfriedhof Heerstraße, Trakehner Allee 1, 14053 Berlin**

Unsere Jungs, Miro & Lewi (miau) sind noch im Urlaub,
aber ich bin natürlich da.

Fest zugesagt haben: Andrea, Jan, Carsten, Thomas, Gitte, Klaus, Nannette & Andreas,
Holger, Karo, Petra, Dimi & Carmi, Fabi & Maria, Chrissi und noch viele gute Freunde.

Macht euch hübsch, ich freue mich auf euch – und Franzi auch.

Kondolenz: memorial-service@   .de

Betont locker lädt Axel zur Trauerfeier seiner Frau Franziska. Einzigartig aber dürfte sein, dass uns Axel wissen lässt, wer schon alles »fest zugesagt« hat. Wer sonst noch »Lust und Zeit« hat, kann ja dazustoßen. Nur kein Stress.

Die Trauerfeier findet am Freitag, den 03.07.2015 um 14 Uhr auf dem Friedhof in Teltow statt.
Anstelle von Blumen wünschte sich Micha eine Spende an den DKMS. Eine Spendenbox steht vor Ort bereit.
Im Anschluss wird auf dem Sportplatz Jahnstraße gegrillt.

Auf eine lockere Atmosphäre deutet auch die Anzeige für Micha hin. Zumindest wird im Anschluss an die Trauerfeier auf dem Sportplatz der Grill angeworfen.

Und auch bei Markus Michael S. hält man sich nicht lange auf dem Friedhof auf. In gut bayerischer Tradition begeben sich die Gäste zügig in den gemütlichen Bierkeller, wo sich die Feierlichkeiten dann schon ein wenig hinziehen könnten.

Markus Michael S

* 24.8.1962   † 8.8.2016

Morle
Max
Luc

Die Trauerfeierlichkeiten beginnen (ganz kurz) auf dem Waldfriedhof in München am 16.8.2016 um 13:45 Uhr (Aussegnungshalle, Haupteingang, Fürstenriederstraße).
Dann geht's gmiatlich, zünftig und griabig (ganz lang) im Augustiner-Keller weiter. Bringts Fahrer und viel Zeit mit.
Bitte keine Kränze und sonstiges Grünzeug (die gibt's am Waldfriedhof genug) – und Schwarz ist keine Pflicht!

Es freut sich auf Euren Besuch
Euer Sterndl!

Der Streuselkuchen ist eine beliebte Speise, die nach der Beerdigung den Trauergästen gereicht wird. Vor allem im Rheinland ist dieser Brauch verbreitet. Dort nennt man das Hefegebäck auch »Beerdigungskuchen«. Dass er zum Tod von Walter K. nicht gereicht wird, deutet darauf hin: Es findet keine Trauerfeier statt.

Nachruf

Walter K

* 15.02.1941 †17.04.2019

Guten Flug. Mögen dir die Federn nicht ausgehen.

Familie K

Streuselkuchen fuddern gibbet nich!

Frau Edith S , geborene L 1926,

gestorben zuhause in Wehen am 30. April 2019,

hat Familie, Haus und Garten verlassen,
um bei Ihrem Mann Max † 2018,
   um bei Ihrem Sohn Thomas † 2017 und
      um bei Ihrem Enkel Felix † 2014 zu sein.

Wir nehmen Abschied am Mittwoch, den **15. Mai 2019,**
um **10:00 Uhr** auf dem Friedhof Taunusstein-Wehen,
anschließend um 11:00 Uhr geben wir ihren Körper der Erde bei.

Im Namen der Familie Max und Edith S - **zum letzten Mal** -
sind Sie danach zu Schinkennudeln in die Walkmühlstraße eingeladen.

Manchmal ist es nur ein Wort, das Trost spendet und eine angenehme Atmosphäre schafft. In der Anzeige für Edith S. ist es ein Wort, das in Todesanzeigen eher selten vorkommt: »Schinkennudeln«. Die Angehörigen laden »zum letzten Mal«, wie es fettgedruckt heißt, zu Schinkennudeln ein. Auch wer kein Freund der Schinkennudel ist: Man ahnt, dass die Verstorbene ein gastfreundlicher Mensch gewesen ist.

> Ein wunderbarer Mann musste diese Welt verlassen.
>
> # Prof. Dr. rer. pol. et jur. Dr. Ing. Wolfgang K
>
> 23. 12. 1937   Emeritus der Universität Wuppertal   23. 10. 2019
>
> Ich werde ihn unendlich vermissen.
> **Dr. med. Edeltraud K**, Ehefrau
> im Namen der Angehörigen
>
> Die Trauerfeier findet am Dienstag, den 29. Oktober 2019, um 11.15 Uhr im Krematorium Westfriedhof, Halle II, statt. Kleidung beliebig, aber erwünscht. Ein Kondolenzbuch liegt auf.

Wolfgang K. beeindruckt mit einer Vielzahl von akademischen Titeln. Umso stärker überrascht der Dresscode für die Trauerfeier.

Unter dem in Todesanzeigen eher ungebräuchlichen Motto »Das gab's noch nie!« verlost ein Privatradio eine Bestattung. Wer die »coolsten« letzten Worte einschickt, macht das Rennen. Gott sei Dank ist ein Beerdigungsinstitut mit an Bord, das nach eigenen Angaben »seriös und zuverlässig« arbeitet.

Das gab's noch nie!

> # Gewinne Deine eigene Beerdigung
>
> *Schick uns Deine letzten Worte an: aschaffenburg@radio-galaxy.de*
>
> *Wer uns die coolste Antwort liefert, gewinnt seine eigene Beerdigung. Mehr Infos hört Ihr auf „Radio Galaxy - nur die beste neue Musik".*
>
>
>
> RADIO GALAXY
> 91.6 ASCHAFFENBURG   100.8 MILTENBERG
>
> mit freundlicher Unterstützung von: *Beerdigungsinstitut Erich Kraus jun.*
> **SERIÖS & ZUVERLÄSSIG**
> *Schönbergweg 27 / Ecke Linkstraße*

Zu einer Trauerfeier der besonderen Art lädt Brigitte K.: Zwanzig Jahre nach der Beisetzung endet das Nutzungsrecht am Grab. Wenn es nicht verlängert wird, verliert der Verstorbene seine letzte Ruhestätte. Das Grab wird eingeebnet. Meist geschieht dies, ohne dass jemand davon Notiz nimmt. Insoweit ist es eine begrüßenswerte Idee, sich bei dieser Gelegenheit noch einmal gemeinsam vom Verstorbenen zu verabschieden.

Lothar S■■■ C■■■

* 21. 10. 1941 † 25. 10. 1993

Am 25. 10. 2013 um 12.00 Uhr gedenken wir seiner am Grab (Südfriedhof, Feld 45 A).

Brigitte K

20 Jahre nach der Beisetzung enden die „Nutzungsrechte".

Begräbnis und Trauerfeier können aber auch weit in der Zukunft liegen, wenn die sterblichen Überreste Zwischenstation in der Anatomie machen.

Wir trauern um

Gudrun W■■■

* 07.08.1943 † 15.04.2022

Ich bin umgezogen in die Dr. Senkenbergische Anatomie.
Eine Bestattung meiner Reste wird in ca. 3 Jahren in einem Gemeinschaftsgrab auf dem Frankfurter Hauptfriedhof stattfinden.
Alle, die an der, zugegebenermaßen etwas weit in der Zukunft liegenden, Bestattung teilnehmen und sich gemeinsam an Gudrun erinnern möchten, wenden sich bitte bis zum 15. Juni 2022 an Brigitte G■■■, ■■■■■■■■, 60487 Frankfurt.

> **DANKSAGUNG**
>
> Wir danken Frau Inge N., dass sie Herrn Hans R. bei der Bestattung das letzte Geleit gab.
>
> Freunde und Bekannte

Ist die Trauerfeier vorüber, ist es Zeit, denen zu danken, die sich um die Organisation und die Durchführung der Trauerfeier verdient gemacht haben. Und so bedanken sich »Freunde und Bekannte« von Hans R. bei Inge N. für das »letzte Geleit«, was ja eigentlich nur heißt, dass sie bei der Trauerfeier anwesend war…

… im Unterschied zu den Familienangehörigen von Hans R., die über die Bestattung nicht einmal informiert wurden. Deshalb lassen sie – der alte Trick vom Anfang des Kapitels – den Verstorbenen selbst aus dem Jenseits das Wort ergreifen und die Sache klarstellen. Solche Zerwürfnisse sind schon ein Vorgeschmack auf das nächste Kapitel, das den Familienangelegenheiten gewidmet ist.

> **DANKSAGUNG**
>
> Ich bin doch zu meiner Frau Trudi gegangen, es war mein Wunsch.
>
> Ohne meine Angehörigen zu informieren, wurde ich von der **Grauen Panther-Witwe Inge N. bestattet.**
>
> **Hans R.**
>
> Riggeli und Alice
> Lebenspartnerin
> D. S.
>
> Herzlichen Dank an die Vereine, die ein Beileid für die Angehörigen ausgesprochen haben.

»Mit Liebe und Kartoffelsalat«

Familienleben

Nirgendwo ist die Bandbreite der Gefühle so groß wie bei den Anzeigen, bei denen die Familie im Spiel ist. Es finden sich liebevolle Würdigungen, einfühlsame Porträts, bewundernde oder zumindest anerkennende Worte, aber auch Abneigung, Kälte, Enttäuschung, ja sogar Hass. Dies gar nicht mal immer gegenüber der Person, die gerade gestorben ist, sondern in erstaunlich hohem Maße gegenüber den anderen Mitgliedern der Sippe wie Eltern, Kindern, Geschwistern und den neuen Partnern des oder der Verstorbenen.

Das heißt natürlich nicht, dass solche Gefühlslagen nicht auch in anderen menschlichen Beziehungen vorkommen. Das tun sie ganz gewiss. Doch schalten die Leute dann nicht unbedingt eine Todesanzeige, um ihre emotionale Verfassheit der Öffentlichkeit mitzuteilen. Bei Familienanzeigen kommt das jedoch öfter vor.

Wir nehmen Abschied von meiner lieben Mama, Oma, Uroma, Schwester und Tante

Maria P
Schneiderin
Finanzgenie, begnadete Plätzchenbäckerin, Einmachkönigin, großzügige Familiensponsorin
* 30. 8. 1927 † 19. 8. 2011

Dabei steht unsere erste Anzeige für Warmherzigkeit und Anerkennung. Mit ihren hochentwickelten haushälterischen Fähigkeiten hat sich Maria P. innerhalb der Familie eine ganze Reihe von bemerkenswerten Ehrentiteln erworben.

Besondere Wertschätzung erfahren häufig die Mütter. In der Anzeige für die starke Frau Theresia R. wird sogar Gott dafür gelobt, dass er so ein Meisterwerk schaffen konnte. Dagegen verblasst die Bedeutung der Hinterbliebenen, die namentlich gar nicht in Erscheinung treten.

Theresia R.
* 25. April 1914   † 22. August 2001

Starke Frauen gab es schon immer; eine davon war Mutter. Der stärksten Eine. Dazu ein gutes Herz, charakterfest, immer hilfsbereit, freundlich, eine Seele von Mensch. Hier war Gott ein Meisterwerk gelungen; soo hatte er sich die Menschheit gedacht.... Man kann ihr Loblied nur in den höchsten Tönen singen. Mutter, Mütterlein, Du fehlst, fehlst, fehlst!

Von Herzen kommt gewiss auch unsere nächste Mutter-Anzeige. Wenn man nur wüsste, wem sie gilt und wer sich ihr in Liebe verbunden fühlt. Doch genau das sollen wir auch nicht erfahren. Und so dürfen sich alle verstorbenen »Mütterken« zwischen Emscher und Ruhr angesprochen fühlen.

Meinem Mütterken

In Liebe

Ewig Mama-Kind: Wer mit 80 mit so einer Anzeige verabschiedet wird, der muss ein sehr enges Verhältnis zu seiner Mutter gehabt haben.

Willibald
* 18. 3. 1934 † 2. 7. 2014

ist nun bei seiner Mama.

„Himmelchen, Himmelchen, 50 Jahre Mama sehen."

Rudi D

* 8. Mai 1936   † 22. Januar 2014

Nun ist auch Dein größter Wunsch erhört worden,
den nur Gott allein erfüllen kann.
Wir danken Dir, dass wir Deine Familie sein durften.
Wir sehen uns wieder - ganz bestimmt!

In tiefer Dankbarkeit und unendlicher Liebe
nehmen wir Abschied von unserem geliebten Rudi

**Deine Edith
die Kleene
der Ludl
und der Hund**

Familie S   & F

Wir zelebrieren die Beisetzung von unserem
geliebten und überaus bemerkenswert-tapferen
Rudi mit allen Menschen, die ihm Gutes getan haben.
Seid alle herzlich willkommen - Rudi hätte es so gewollt.
Am Freitag, dem 31. 1. 2014, um 9.30 Uhr im Krematorium
Ferdinand-Porsche-Straße 5 in Stade.

Rudi D. scheint ebenfalls eine engere Beziehung zu seiner Mutter gepflegt zu haben. Auch wenn es seine Familie ist, die ihn hier mit einer Kinderzeichnung verabschiedet.

Die Res, die Mutti, die Mama, die Oma

Therese O

*17. Mai 1927   †1. November 2015

Mit Liebe und Kartoffelsalat

Hans Georg O
Gertrud O -N
Ulrike O
mit Familien

Manchmal sind es einfach die schlichten Details, die eine Würdigung so geglückt erscheinen lassen. Bei Therese O. kommen noch die Bezeichnungen hinzu – mit der feinen Unterscheidung zwischen »Mutti« und »Mama«.

Die »liebe Mama« Magda P. hatte hingegen ein ausgeprägtes Mitteilungsbedürfnis. Mit milder Ironie rechnen die Hinterbliebenen fest damit, dass es auch mit dem Tod nicht endet.

O Wandrer bleib nicht lange hier
sonst kommt sie raus und schwätzt mit dir

Unserer lieben Mama

Magda P

geb. B

* 2. April 1932   † 27. Januar 2022

Deine Familie

Meine geliebte Mutter

Gerda G

geborene W

geb. 29.03.1930   gest. 04.02.2022

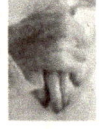

ist tot und kommt trotz Stimmenübertragung nicht wieder.

Vor vielen Jahren hat sie im BG-Klinikum Hamburg-Boberg als Stationshelferin gearbeitet. Aus dem damaligen Unfallkrankenhaus lernte ich eine Frau kennen, über die ich gedanklich auf Hannover kam. Irgendwann in Hannover las ich auf dem Gefallenendenkmal gegenüber einem Finanzamt, dass ein Jakob G gegen Napoleon gefallen sei. Dies nehme ich zum Anlass meiner etwas verspäteten Traueranzeige aus Hamburg.

Meine Mutter war mit bis hinein in ihren Tod und ist mir über ihren Tod hinaus Sinnbild der Gutmütigkeit, der Kraft, des Wollens und der Liebe. Irgendwie ist sie aber sowieso bei mir. Und weiter ging es immer.

Gerda G 's Sohn
Thomas

Eine etwas verspätete und recht eigentümliche Würdigung der geliebten Mutter Gerda G. Manchmal ist der Weg zur Todesanzeige verschlungener, als man meint. Und er führt, zumindest gedanklich, über Hannover und die dem Finanzamt gegenüberliegende Waterloosäule.

Meine liebe Mutter

Auf Deiner letzten Reise möchte ich Dir noch einmal „Danke" sagen…

Danke dafür, dass ich Dich vor 35 Jahren in Berlin kennenlernen durfte – da war ich keine 9 Jahre alt – doch dieser Tag hat mein ganzes Leben über Nacht positiv verändert:

03.11.2013

Du hast mich aus einem Kinderheim heraus adoptiert, als eine andere sich von mir abwandte.

Du hast mich mit Deiner unendlichen Liebe, Güte, Fürsorge, Ausdauer und Geduld erzogen und geformt, zu dem was ich jetzt bin – Dein Sohn!

Du hast immer an mich geglaubt, obwohl ich Dir anfangs schwere Zeiten bereitet habe.

Du hast mich stets aufgefangen, wenn andere mich fallen ließen.

Du hast zeitlebens zu mir gehalten und mir Auswege aufgezeigt, wenn ich die Orientierung verloren hatte und führtest mich dabei stets zurück auf meinen Lebensweg.

Du hast mir zu jedem Zeitpunkt Werte vermittelt, die ich erst jetzt richtig verstanden habe. Diese Werte werde ich in Ehren halten sowie in Deinem Interesse weiter tragen.

Danke für alles und noch für vieles mehr!

Leopoldstal, im November 2013

*In stiller Trauer:
Sven R. W*

Es muss nicht immer die leibliche Mutter sein. Sven W. bedankt sich mit einer berührenden Anzeige bei seiner Adoptivmutter, deren Name er nicht mitteilt. Dabei zeigen wir nur einen Ausschnitt. Die Originalanzeige ist doppelt so lang. Am Ende stehen sein Name und das Datum November 2013. Das Foto ist also nur ein paar Tage vor ihrem Tod aufgenommen worden.

Der Verlust des Ehemanns bedeutet nicht notwendigerweise das Ende der persönlichen Beziehungen zu seiner Familie, wie wir noch sehen werden. Doch dass der »Exschwiegermutter« so ergriffen nachgetrauert wird, ist etwas ganz Besonderes.

> Meine Exschwiegermutter
>
> ## Christiane M
>
> die beste der Welt,
> ist am 11. März 2015 gestorben.
>
> Ich hatte sie unendlich lieb.
>
> *Barbara K*
> und einen besonderen Gruß von
> *Dirk S*
> Sie nannte ihn immer
> "meinen Bodyguard".
>
> St. Ingbert-Rohrbach, den 13. März 2015

> Macht im Himmel eine Werkbank frei – Kurt ist da.
> Er hatte ein erfülltes und arbeitsreiches Leben. Wir wünschen ihm einen Ort, an dem er endlich wieder etwas schaffen kann.
> Bis monsemoin ...
>
> ## Kurt W
>
> * 17. 1. 1936   † 2. 6. 2017
>
> In Liebe und Dankbarkeit:
> Hedwig W   geb. G
> Peter, Uwe, Stefanie, Silas und Lara
> sowie alle Angehörigen
>
> Gießen, im Juni 2017

Wenn Vater Kurt in den Himmel kommt, braucht er einen Ort, an dem sich sein handwerklicher Schaffensdrang ungehindert entfalten kann.

Jürgen Michael B

* 6. Oktober 1955 † 24. März 2020

Wir vermissen …

… wie du in Latzhose in deiner Halle an deinen Landrovern schraubst.

… wie du Ersatzteile sortierst und überarbeitest.

… deine legendäre Gemüsepfanne.

… das Strahlen in deinen Augen, wenn du mit den Serien Landrovern fuhrst.

… das Griemeln um deine Mundwinkel, wenn du dich amüsiertest über irgendeinen ausgeheckten Schabernack.

… den Stolz in deinen Augen, wenn du von den Kindern erzähltest.

… die Umarmung deiner Arme, die mir so viel Geborgenheit gaben.

… deine verlässliche, ehrliche und ruhige Art.

…DICH unendlich.

Astrid und die Kinder

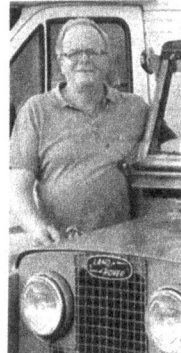

1 Jahr ohne Dich

Eine liebevolle Gedenkanzeige für Jürgen Michael B., Familienvater, Autoschrauber und Bereiter von »legendären Gemüsepfannen«. Das Foto mit dem Landrover rundet die Sache ab.

Einer anderen Generation von Männern gehört Alois W. an. Seine Töchter erinnern sich 25 Jahre nach seinem Tod mit Respekt an ihn. Dass er sich nicht geschont hat und ihm eine gewisse Härte gegen sich selbst zu eigen war, bezeugt der »Erdaushub« für das Haus.

Lieber Papa,

vor 25 Jahren mussten wir unerwartet von Dir Abschied nehmen. Du warst immer für uns da. Du gabst uns Geborgenheit und Liebe. Dank Deines Fleißes konnten wir 5 Jahre nach Kriegsende ins eigene Haus einziehen.

Das Besondere, den Erdaushub machtest Du per Hand, obwohl Dir im Krieg beide Füße zur Hälfte amputiert wurden. Es war charakteristisch für Dein Leben.

Wir danken Dir für die Werte, die Du uns vermittelt hast, für alles.

In Liebe
Anita und Alwine

Alois W...

Als Mann mit trockenem Humor bleibt Opi Klaus P. in guter Erinnerung. Dabei bildet die sympathische Erzählung, wie es zu den »letzten Worten« gekommen ist, einen reizvollen Kontrast zu der Kürze von Klaus P.s Abschiedsformel.

Komisch: Mit einem einzigen Satz, mit zwei Wörtern, kann man das ganze Leben, den ganzen Charakter eines Menschen eigentlich ganz gut zusammenfassen.
Unser Opi hatte immer einen lockeren Spruch auf den Lippen.
Als ihn seine liebe Frau Gertrud einmal fragte, was denn später in seiner Traueranzeige stehen sollte, da hatte er wieder so eine für ihn ganz typisch trockene Antwort parat.
Und diesen Wunsch möchten wir ihm hiermit gerne erfüllen:

»Klaus – aus.«

Wir werden Dich immer in guter Erinnerung behalten.

Klaus P...

*24. März 1932 · †19. April 2014

Wieder einmal keine Namen. Doch stehen die Bezeichnungen »Papa« und »wir« eben auch für das Typische, das Allgemeingültige. Es geschieht wieder und wieder.

In memoriam

Papa

* 25.12.1951 † 22.10.2015

In stiller Trauer:

Wir

Opa Fiete aus Kiel müssen wir uns hingegen eher als eigensinnigen Kämpfer vorstellen. Dass den Hinterbliebenen »bis zum letzten Tag nie langweilig« wurde, deutet auf einen erhöhten Stresspegel hin. Und doch gilt ihm gerade dafür auch ihre Sympathie.

Unserem großen, kleinen Rebell und ewigen Kämpfer

Opa Fiete

Große Ehre auch für Ordnung und Sauberkeit.
Es war zwar zeitweise schwer mit Dir, aber es war bis zum letzten Tag nie langweilig.
Du hieltst uns ewig auf Trab
Wir gönnen Dir mit 97 Jahren Deine Ruhe!
Aber Du fehlst uns jetzt schon, und wir werden Dich vermissen.

      Ein letzter Gruß
      Holger und Monika Sch , geb. P

Danke an Frau Müller und Familie Schulz.

Traueranschrift: 24145 Kiel,

"Klafier, ...Opa Euge bielt!"

Ich hätte gerne noch so viel mit dir gespielt.
Hab´ dich lieb, deine Jana

Oma Hildegard hat ihrem Enkel Falko offenbar ein altes Kinderlied vorgesungen: »Pub und Spinne«. Das Lied gibt es in mehreren Varianten (auch als »Bub« oder »Pups und Spinne«). Aber immer wird im Wald Feuer gemacht und es wird jemand verhauen.

Erinnerungen werden gerne beschworen, auch wenn Außenstehende nicht immer ganz genau wissen, was gemeint ist. Doch hier scheint immerhin klar zu sein: Opa Eugen griff wohl schon in die Tasten, als Jana noch ein kleines Kind war.

Hildegard S

„Pub und Spinne gehen in den Wald,
da wurd dem Pub die Beene kalt.

Da macht die Spinne Feuer an,
damit der Pub sich wärmen kann.

Da kommt ein böser Blasewind und
macht das Feuer aus geschwind.

Da wurd die Spinne ärgerlich und schlug dem Pub eins ins Gesicht.!

**Mach's gut Oma
Dein Falko**

*Liebe Oma,
wer zeigt mir denn jetzt einen Vogel, wenn ich zerrissene Jeans trage?*

*Ich vermisse Dich!
Deine Rike*

Rike trägt zerrissene Jeans. Daher braucht sie jemanden, der ihr deswegen einen Vogel zeigt – wie ihre liebe Oma. Eine schöne, liebevolle Anzeige. Doch außer Rike gibt sich niemand zu erkennen.

Frau zu sein ist schwer.

Ihr Mann Dietrich holte sie nach nur einem Jahr zu sich –
Gerne hätte sie noch ein paar Jährchen gelebt.

Helga Ingeborg Margot Z
geb. R
* 14. 2. 1940   † 19. 6. 2017

In stiller Trauer:
Der Sohn: **Dr. Frank-Georg Z**
Der Bruder: **Wolfgang R**, Architekt

In der Anzeige für Helga Ingeborg Margot Z. schwingt auch ein stiller Vorwurf mit. Fast hat es den Anschein, als hätte ihr Mann Dietrich sie gegen ihren Willen zu sich geholt. Vielleicht wollen »der Sohn« und »der Bruder« ja genau das andeuten: dass die Verstorbene sich allzu sehr nach anderen gerichtet hat.

Sieglinde verabschiedet sich mit Leuchtturm und einer, man möchte sagen: theaterreifen Formulierung von ihrer Schwester Ruth. Ratlosigkeit auf der Bühne des Lebens.

Zum Gedenken an meine Schwester

Ruth G

sage ich auf Wiedersehen.

**Ruthchen,
du warst und bleibst
mir ein Rätsel.**

Deine Schwester Sieglinde

Am 11. November 2011 hast du diese Welt auf immer verlassen.

Ein kleiner vertrauter Kreis hat dich auf deinem letzten Weg der Seebestattung begleitet.

Ein Jahr später sieht die Sache schon deutlich besser aus. Nun fügt sich alles. Statt Rätseln großer Dank. Und auch die Bedeutung des Leuchtturms wird nun endlich erklärt. Einen gewissen Hang zur Theatralik hat sie ja schon, die Sieglinde.

Zum 1. Todestag

Ruth G

* 12. Februar 1932 † 11. November 2011

Liebes Ruthchen,
heute jährt sich zum ersten mal dein Todestag!
Es liegt ein sehr ereignisreiches Jahr hinter mir,
von dem ich aber abschließend sagen kann,
daß sich alles zum Besten entwickelt hat.

Dein wertvoller Freund Jan-Eric hat sich auch für mich in dieser doch manchmal
belastenden, vielfach verpflichtenden Zeit als wahrer Freund erwiesen.

Dir, liebe Ruth, gebührt großer Dank, auch posthum von Mami,
den Geschwistern und deinem Ehemann Udo.

Als Symbol auf deinem Grabstein habe ich einen
stilisierten Leuchtturm gewählt.
Dieser soll Strahlkraft, Sicherheit, Verlässlichkeit und Heimat
symbolisieren, für die du immer gestanden hast.

Dafür danken wir dir.

Deine Schwester Sieglinde

Hierdurch geben wir bekannt, dass unser geliebter Bruder
im Juni 2016 in Köln-Porz verstarb.

Uwe P

*16.07.1949 in Scheidt

Seine Kinder:

Angelika und Tanja P   *Alexander und Pia P*

tragen einen Teil seines biologischen Potenzials, auch das von uns,
unseren Eltern und Großeltern, in die Zukunft.

Bruder Uwe ist tot. Sein »biologisches Potenzial« wird, wenigstens teilweise, weitergetragen.

Dieter K   Marco K
8. April 1947 – 20. März 2016   13. November 1970 – 8. April 2006

Lieber Marco,

heute vor 10 Jahren bist Du von uns gegangen, es war auch der Tag, an dem Dein Papa Geburtstag hatte. Für uns war es schon damals eine Fügung! Weil Papa heute beerdigt wird und zu Dir kommt!

Wir als Familie sind froh, dass man es uns ermöglicht hat, Jahrestag und Beerdigung auf einen Tag zu legen.

Ich habe Herrn K   den Freiredner, gebeten, auch für Papa zu sprechen, so wie er schon damals bei Dir gesprochen hat. Auch eine Fügung!!

Dein Portrait, lieber Marco, hatte ich mir noch tätowieren lassen!!! Konnte es Papa in einem klaren Moment noch zeigen! War wichtig für mich!! Passt jetzt wunderbar zu meinem Metallica-Stern!!!

Lieber Dieter,

dann feierst Du Deinen heutigen Geburtstag mit Marco und mit all den „Lieben Menschen", die bei Euch sind!

Einen großen Dank an meine Schwester Petra, die mich in den langen Stunden bei Dieter so sehr unterstützt hat!!!

Für Euch „BEIDE" scheint jetzt immer die Sonne!

In unendlicher Liebe

Ilse/Mama
Jens als Bruder und Sohn
Viktoriya als Schwiegertochter
Oma, Petra, Wolfgang,
Karin, Klaus und Christine

Wenn der Sohn am Geburtstag vom Vater stirbt und der Vater zehn Jahre später beerdigt wird und derselbe Redner die Traueransprache hält, dann kann man das schon als schicksalhafte Fügung betrachten. Dabei ist Mama Ilse sichtlich bemüht, gut Wetter zu machen.

Bitter ist hingegen die Klage der Familie A. über den Tod der kleinen Josy. So eine geballte Ladung Verzweiflung wäre früher in einer Todesanzeige undenkbar gewesen und vermutlich auch gar nicht gedruckt worden. Nun trifft uns diese Anzeige mit voller Wucht.

Sabine und Peter M. nehmen Abschied von ihrem innig geliebten Vater. Da irritiert es ein wenig, dass sie mitteilen, der Verstorbene sei »von seinem [...] in erhabenem Gleichmut erduldeten Verlassensein« erlöst worden.

Ich bin froh, seid ihr es auch.
(Johannes Paul II.)

Tieftraurig, gefasst sowie voller Dankbarkeit geben **Sabine M** und **Peter M** Nachricht vom Tode ihres inniggeliebten Vaters

Werner Peter Paul M

welcher am 24. Juni 2015 nach kurzem Aufenthalt im Bundeswehrkrankenhaus Hamburg im 93. Lebensjahr von seinem von ihm in erhabenem Gleichmut erduldeten Verlassensein in Frieden erlöst worden ist.

Die Trauerfeier ist am Donnerstag, dem **9. Juli 2015, um 11:00 Uhr** in der Kapelle des Rahlstedter Friedhofs, Am Friedhof 11 in Hamburg-Rahlstedt. Anschließend ist im Hotel Eggers, Rahlstedter Straße 78, Gelegenheit, Papa in weniger schwerem Rahmen Respekt zu zollen.

Die Urnenbeisetzung für das, was an unserem lieben Papa sterblich war, folgt zu einem späteren Zeitpunkt in aller Stille.

GLAUBE – LIEBE – HOFFNUNG
diese drei
lassen uns darauf vertrauen, dass es Euch:
OMA und **MAMA IRMGARD** (* 3. März 1921 † 26. November 2011)
OPA und **VATI HELMUT** (* 15. Mai 1911   † 6. April 2008)
„oben" gut geht !!!
Wir hoffen sehr, dass der Verantwortliche
für die grausamen Umstände,
die zu Euren verfrühten Toden geführt haben, hier auf Erden oder
„oben" zur Rechenschaft gezogen werden wird.
Wir vermissen Euch beide unendlich !!!
Euer einziges Enkelkind **JULIUS**
Eure einzige Tochter **EVA**

Sobald es um die Familie geht, mischen sich schon mal Rachegedanken in die Trauer. So auch in der Gedenkanzeige für »Mama Irmgard« und »Vati Helmut«, für deren »verfrühten« Tod es einen Verantwortlichen geben soll. In Hinblick darauf, dass die beiden immerhin 90 und 97 Jahre geworden sind, muss man wohl sagen: Es ist nie zu spät für einen verfrühten Tod.

Noch tiefer im Familienzwist stecken wir bei Freya K. Da kommt es auf die unbeabsichtigte Liebeserklärung an die Leser auch nicht mehr an.

Ein langer Kampf ist zu Ende

Freya K

geb. S

* 5. Dezember 1949   † 13, Februar 2020

ist tot.

Es gibt viele Nägel an einem Sarg.
Zwei davon sind ihre Schwester und ihre Nichte.

Ich habe Sie sehr geliebt

Wolfgang

Auch in der Familie H. herrschen gewisse Spannungen, die Bruder Jörg den interessierten Leserinnen und Lesern nicht vorenthalten möchte.

Abschied von meinem Bruder Bernd H

Da ich, Jörg H   von meiner Mutter Margarete H
nicht infomiert wurde, dass mein Bruder gestorben ist,
aber meine Schwester Dagmar L   und ihr
Mann Günter L   mich ohne meine Frau in die
Sterbeanzeige setzten.

Obwohl wir nicht einmal wissen, wann der Beisetzungstermin ist, möchten wir, Jörg H   und Ehefrau Marie-Therese H   -B   uns auf diesem Wege von meinem Bruder Bernd verabschieden.

Tschüß Bernd

Anmerkung zur Todesanzeige
, Ruppertshofen vom 12.12.2018
Irrtümlicherweise wurde unter den Trauernden mein **Name**
              mit Familie aufgeführt.
Das trifft für mich und meine Frau nicht zu, da **keinerlei Trauer vorhanden ist!**

Ob wirklich alle Familienmitglieder, die in der Todesanzeige aufgelistet sind, tiefe Trauer empfinden, daran mag man zweifeln. Doch nur wenige Angehörige dürften von einer derart starken Abneigung durchdrungen sein, dass sie sich zu einer Richtigstellung veranlasst sehen.

Etwas anders liegt der Fall bei Uwe, Gudrun und Kim. Hier melden sich Angelika B. und Detlev L. zu Wort, weil sie nicht damit einverstanden sind, dass die drei als »trauernde Familienangehörige« genannt werden.

WIDERRUF

zur Todesanzeige „GERHARD L. "
in der Ausgabe des Amtsblattes Kelkheim
am 8. Oktober 2016

Fälschlicherweise wurden in der Anzeige als trauernde Familienangehörige Uwe, Gudrun und Kim aufgeführt.

Es soll an dieser Stelle klargestellt werden, dass der **Inhalt der Anzeige von den Genannten nicht im Geringsten geteilt und mitgetragen wird** und der Verstorbene für Uwe, Gudrun und Kim nicht die Person war, die in der Anzeige dargestellt wurde.

Angelika B **und Detlev L**

Die einen möchten in der Traueranzeige nicht genannt werden. Andere fühlen sich verletzt, wenn sie übergangen werden. Und es trifft sie besonders hart, wenn sie die Verstorbene bei sich aufgenommen haben – wie Schwiegersohn Hans-Peter Z. und seine Töchter.

Gesonderter **Nachruf** auf den Tod von

Lore K

die am 10. März 2017 im Alter von fast 95 Jahren verstarb.

In trauerndem Gedenken von ihrem Schwiegersohn
Dr. med. Hans-Peter Z mit seinen Töchtern Anne, Kathrin und Stephanie.

Ich habe sie in ihren letzten acht Lebensjahren in meinem Hause aufgenommen.
In der Traueranzeige vom 14. März 2017 des Trauerhauses Z /K wurde ich nicht erwähnt.

Die Gedanken sind frei !

Auch wenn es uns verwehrt wurde, trauern wir um Dich

lieber Hans

Deine Schwester Heidi und Familie

Wenn schon daran erinnert wird, dass »die Gedanken« frei sind, liegt die Vermutung nahe, dass es die realen Verhältnisse umso weniger sind. Und so ist es auch bei Heidi, der es nicht erlaubt wurde, an der Trauerfeier ihres Bruders teilzunehmen.

Erwin B
* 28.08.1941   † 22.12.2014

Erwin B. hat vor vielen Jahren seine Ursprungsfamilie verlassen. Oder wie die es sieht: Er wurde »aus unserer Mitte gelockt«. Sie fühlen sich ihm offensichtlich noch immer verbunden.

Deine Familie nimmt Abschied von Dir.
Vor vielen Jahren wurdest Du aus unserer Mitte gelockt.
Aber, wenn es auch noch so schmerzte, wir mussten lernen,
die Lücke, welche Du in unserer Familie hinterlassen hast,
zu akzeptieren.
Und nun bist Du endgültig von uns gegangen.
Zufällig haben wir davon erfahren. Keine Nachricht an uns.
Für uns still und heimlich beerdigt hat man Dich.
Kein Ort für uns, an dem wir Abschied
von Dir nehmen können.
Das hast Du nicht verdient.

**Du warst doch ein guter Vater und Opa,
ein zuverlässiger Schwager und Onkel.
Wir sind unendlich traurig, fassungslos und wütend.
Auf diesem Wege senden wir Dir einen letzten Gruß.**

Wir wissen, dass Du Deine Familie vermisst hast.
Deine traurigen Augen, wenn wir uns trafen,
haben Dich verraten.
Sei gewiss, in unseren Gesprächen und Erinnerungen
warst Du stets in unserer Mitte.
Wir tragen Dich weiterhin in
unseren Herzen.

Ruhe in Frieden, liebster Erwin

Deine Familie und alle, die Dich gern hatten.

Auch Tochter Pia erinnert sich liebevoll an ihren Vater Erich H. Das Verhältnis zur Mutter scheint weniger harmonisch zu sein, wenn sie auf deren »letzten Befehl« nicht an der Trauerfeier teilnimmt.

Nachruf

In lieber Erinnerung an meinen Vater,
er war ein guter Mensch.

Erich H

1931 – 2012

Was man im Herzen besitzt,
kann man nicht verlieren.

Pia Sch, geb. H

„Den Bösen zu missfallen, ist so gut wie ein Lob."

Dem letzten Befehl meiner Mutter, der Trauerfeier
fernzubleiben, komme ich deshalb nach.
Die letzte Verbindung zwischen uns ist tot.
Was bleibt Dir noch?

In Erinnerung an

David B

* 15. 02. 1985 † 01. 08. 2014

danken wir allen seinen Freunden für die aufrichtige Anteilnahme und hilfreiche Unterstützung.
Leider konnten wir Dich nicht vor dem Fluch Deiner Oma Waltraude B schützen und es ist das Schlimmste eingetroffen,
was uns als Eltern passieren konnte.
David Du bist viel zu früh und unerwartet von uns gegangen.

Wir vermissen Dich unendlich.
In Liebe Deine Eltern Heike und Torsten

Vom letzten Befehl der Mutter zum Fluch der Oma, die auch noch namentlich genannt wird. Was immer dahinterstecken mag, die Anzeige für den früh verstorbenen David B. liest sich wie die Vorlage zu einem Horrorfilm, wie ihn nur Familien hervorbringen können.

WIR GEDENKEN UNSERES BRUDERS

Valentin F

(Foidl)

* 10. Januar 1922 † 22. Februar 2014

ER WAR EIN MENSCH.

Inge und **Richard**
und weitere fünf Brüder im Bayerischen Wald

Wahrscheinlich ist es anerkennend gemeint, wenn die Geschwister von Valentin F. in ihrer Anzeige feststellen, er sei »ein Mensch« gewesen. Und doch wirkt diese Bezeichnung beklemmend unvollständig.

Wenn es um das Thema Familie geht, so dürfen wir die Gedenkanzeigen nicht vergessen. Einige Jahre nach dem Ableben erinnern die Angehörigen daran, dass die oder der Verstorbene nicht vergessen ist. Manche erreichen das 10-jährige, einzelne Unvergessene sogar das 20-jährige Jubiläum.

In Memoriam

des 200. Todestages von

Johann Ernst G

* 16. Februar 1739 † 26. Februar 1813
in Schwäbisch Hall in Schwäbisch Hall

Letzter Stättmeister der Freien Reichsstadt Schwäbisch Hall bis zu deren Okkupation am 9. September 1802 durch Truppen des Herzogs Karl Friedrich von Württemberg, des späteren Königs von Napoleons Gnaden

sowie des 200. Todestages seines Neffen

Ernst Ludwig Carl G

* 31. August 1773 † 18. Januar 1813
in Schwäbisch Hall in Wilna

Als Leutnant zugeteilt dem Württ. Armeecorps. Gefallen im Rußlandfeldzug 1812/13 auf dem Rückmarsch – schon nahe der deutschen Grenze – im Schreckensort Wilna.

Des letzten Stättmeisters 4facher Urenkel
Ernst Ludwig G mit Sohn Maximilian Paul

Was die Familie G. betrifft, so stellen sie alle Gedenkanzeigen in den Schatten. Ihre Traditionspflege kann sich mit der von gekrönten Häuptern messen. Nur sind sie eben bürgerlich. Der »Stättmeister« ist ein einfacher Bürgermeister, wie wir heute sagen würden. Und als Leutnant hat der zweite Jubilar einen nicht sonderlich hohen Dienstgrad eingenommen. Da stellen wir schon die Frage: An wen von uns wird sich 200 Jahre nach unserem Ableben noch jemand erinnern?

»Du bleibst das Bobby«
Anzeigen für Insider

Auch früher gab es Traueranzeigen, deren Bedeutung sich Außenstehenden nicht so recht erschließen mochte. Schon in einem unserer vorangegangenen Bücher hatten wir ein Kapitel mit dem Titel »Fremde Welten«, in dem wir mehr oder weniger rätselhafte Exemplare gesammelt haben. Doch nun sind es so viel mehr geworden. Und das Ausmaß ihrer Unverständlichkeit erreicht das Niveau experimenteller Lyrik. Wir würden sagen: Die verrätselte Todesanzeige ist kein Randphänomen mehr, sie ist in der Mitte der todesanzeigenschaltenden Community angekommen.

Für alle, die ihn kannten,

„Frost, wie der Winter, Sie spüren´s am Wetter",

ist nicht mehr unter uns.

Karin & die Kinder

Lüben / Ammersbek, 12. Mai 2014

Unsere erste Anzeige legt schon mal ganz gut vor. Der Name des Verstorbenen wird nicht genannt. Stellvertretend für ihn steht ein frostiges Zitat, dessen Bedeutung sich all denen, die »ihn« nicht kannten, nicht im Mindesten erschließt. Genau das wollten »Karin & die Kinder« bestimmt auch erreichen.

Gehört das so?

Christiane (Janni) D

* 17.11.1952   † 13.02.2013

Hanna und Norman
mit Lasse und Lotte

Leon und Inga

Bei Christiane D. kennen wir immerhin ihren Namen. Doch das Motto können vermutlich auch nur diejenigen entschlüsseln, die sie kannten. Und die Hinterbliebenen nennen ebenfalls nur ihre Vornamen.

12. Jahrgedächtnis

Wilfried S

In Liebe S2 / S3 / S7

Köln, im Dezember 2015

An Wilfried S. wird zum 12. Todestag sogar mit einem Foto erinnert. Doch befremdet es ein wenig, wenn sich die Hinterbliebenen, die sich Wilfried »in Liebe« verbunden fühlen, nur mit Kürzeln zu erkennen geben, die einen an S-Bahn-Linien denken lassen.

*Handlampe, Kabeltrommel und Stecker
sind wieder vereint.*

Willy, Fritz und Hanni

*Habt Spaß, Jungs, da wo Ihr jetzt seid!
Wir werden Euch nie vergessen!*

Gleich im Dreierpack werden die »Jungs« Willy, Fritz und Hanni verabschiedet. Man kann nur Vermutungen anstellen, warum sie als »Handlampe, Kabeltrommel und Stecker« bezeichnet werden. Drei Techniker? Drei Bastler? Auf jeden Fall dürfte im Diesseits wie im Jenseits der »Spaßfaktor« im Vordergrund gestanden haben. Leider erfahren wir nicht, wer die drei betrauert und nie vergessen wird.

*Und eins teilten wir stets
– die Liebe zum Hof –*

In ewiger Verbundenheit und Dankbarkeit
Deine Schwiegertochter Bettina

Schwiegertochter Bettina wendet sich gleich an den Verstorbenen, um ihre Verbundenheit mitzuteilen. Alle dürfen raten, welche Bettina mit Hof gerade ihren Schwiegervater verloren hat.

Moin Moin!
*12.05.1937 † 04.06.2013

Wir sind sehr traurig.

Gisela K█████-M█████
Elea M█████

Wir nehmen in aller Stille Abschied.

Anstelle des Namens der niederdeutsche Allzweckgruß. Das erschließt sich auch nur denen, die Gisela und Elea näher kennen.

Nach dem Krieg um sechs im Kelch

Fritz B█████

1943 – 2018

Michael E█████
Wolfgang F█████
Robert S█████

Klingt nach einer Verabredung von Trinkbrüdern im Stammlokal. Doch 2018 konnte die Frage schon noch lauten: Von welchem Krieg ist bloß ist die Rede?

Wir sehen uns in der Verlängerung.

Terrix

Deine Gallier

Mit der »Verlängerung« dürfte die »Nachspielzeit« im Jenseits gemeint sein. Und wenn »Gallier« um jemanden mit einem -ix am Namensende trauern, dann liegt ein Asterix-Fanclub-Verdacht in der Luft.

Als uneingeweihte Leser haben wir zunächst den Verdacht, dass wir es bei »Thoralf von der Holterburg« mit einem obskuren Mittelalterfan mit altgermanischen Neigungen zu tun haben. Doch dann stellt sich heraus: »Tempora Historica – Das Lager« ist ein gut sortierter Mittelalterladen in Koblenz für Ritterrüstungen, Gothic und »Steampunkbekleidung«. Und »Thoralf« war hier vermutlich tätig.

Non nobis domine; non nobis; sed nomini; tuo da gloriam.

Wir trauern um unseren Wegbegleiter und treuen Freund

Thoralf von der Holterburg

* 13. Julmond 1968 † 3. Hartung 2017

In größter Trauer
Tempora Historica - Das Lager

Heiz den Zuber, schenk den Met ein, wir kommen!

Nachruf

Du bleibst das Bobby!

Zokker
Hans-Peter H -L

Wir danken unserem Zeremonienmeister für Jahrzehnte unvergessener Tage und Nächte!
Dein Platz in der Horror-Bude bleibt auf ewig reserviert.

Mitarbeiter und Gäste des
Schnapsausschankes „Kreuzherrenecke".

Wir bleiben beim Geschäftlichen und beim Met: Hans-Peter H.-L. hat sich bei den Mitarbeitern und Gästen des Schnapsausschanks »Kreuzherrenecke« als »Zeremonienmeister« bleibende Verdienste erworben. Doch von rätselhafter Schönheit ist das Motto: »Du bleibst das Bobby!« Auch wenn wir keine Ahnung haben, was damit gemeint ist, steht es doch für eine beruhigende Kontinuität. In diesen unsicheren Zeiten ist immerhin noch auf den Schnapsausschank Verlass.

IN MEMORIAM LUCILLE

EX ASTRA VENISTI ET
IN ASTRUM REVERTERES

ERDE ZU ERDE,
LUFT ZU LUFT,
WASSER ZU WASSER,
FEUER ZU FEUER.

UNSTERBLICHE STERBLICH,
STERBLICHE UNSTERBLICH – LEBEND
EINANDER IHREN TOD, IHR LEBEN
EINANDER STERBEND.

Das Steuer des Alls aber führt der Blitz.

Denn das Feuer wird kommen, alles zu richten und zu verdammen.

Herzlichen Dank an die Teilnehmer der Gedenkfeier für **LUCILLE MARIE WISSNER** am 1. Oktober 2013.

Dank für die Kondolenzbekundungen und die sehr schönen letzten Blumengebinde für die Verewigte.

Dr. Heinz W. W. hingegen bietet ein Feuerwerk an Bildungswissen auf, um seine Frau Lucille gebührend zu verabschieden. Latein ist nur der Anfang, am Ende stehen die Merseburger Zaubersprüche. Die helfen immer oder machen zumindest Eindruck. Denn wer ist heute noch des Althochdeutschen mächtig?

      Eiris sazun idisi,   sazun hera duoder
      suma hapt heptidun,   suma heri lezidun,
      suma clubodun   umbi cuoniouuidi:
      insprinc haptbandun,   invar vigandun.

Phol ende Uuodan   vuorun zi holza
du uuart demo balders volon   sin vuoz birenkit.
thu biguol en Sinthgunt,   Sunna era suister;
thu biguol en Friia,   Volla era suister;
thu biguol en Uuodan,   so he uuola conda:
sose benrenki,   sose bluotrenki,
      sose lidirenki:
ben zi bena,   bluot zi bluoda,
lid zi geldin,   sose gelimida sin!

Dr. Heinz W. W_____, Berlin im Oktober 2013

Einige Zeit später schaltet Dr. Heinz W. W. eine ebenso erklärungsbedürftige Erinnerungsanzeige. Diesmal bekommen wir es mit dem griechischen Philosophen Heraklit von Ephesos zu tun. Toeris ist die altägyptische Göttin der Geburt (die meist als stehendes Nilpferd dargestellt wird). Und Sobek entstammt ebenfalls der altägyptischen Mythologie. Er ist der Schutzgott des Wassers (und wird als Krokodil dargestellt).

IN MEMORIAM LUCILLE

LUX AETERNAE,
NITENS LUX

Die Menschen erwartet nach ihrem Tod,
was sie nicht hoffen noch glauben.
Krieg ist aller Dinge Vater, aller Dinge König.
Das Steuer des Alls aber führt der Blitz.
Das Feuer ist vernunftbegabt, und es wird kommen,
alles zu richten und zu verdammen.

TOERIS und SOBEK geleiteten sie:

Lucille Marie W
geb. W
Burley, Idaho, 2. 6. 1948   † Berlin, Germany, 18. 9. 2013

In ewiger Liebe und Treue ihr verbunden:
Dr. Heinz W. W

IN MEMORIAM
Lucille Marie W
geb. W
*02.06.1948 Burley, Idaho
†18.09.2013 Berlin, Germany

Du bist bei mir alle Tage bis an der Welten Ende,
um Eins zu sein für alle Ewigkeiten.

LUX AETERNAE
NITENS LUX

maya tatam idam sarvam
jagad avyaktamurtina
matsthani sarvabhutani
na caham tesv avasthitah
iti t jnanam akhyatam
guhyad guhyataram maya

Dr. Heinz W. W
Berlin im September 2014

Aller guten Dinge sind drei. Und diesmal läuft Dr. Heinz W. W. zu ganz großer Form auf. Denn er zitiert aus einem hinduistischen Epos, der Bhagavad Gita – für alle Liebhaber des Sanskrits im Original.

Zahlenhase,

bitte verlaß mich nicht! Der Verlust tut so weh, so sauweh!

ItD!! 123,56%!! KK!!

Was ein »Zahlenhase« ist, das kann man sich mit ein bisschen Fantasie schon noch zusammenreimen. Vielleicht eine befreundete Seele kühleren Temperaments, die einem bei der Steuererklärung hilft. Doch scheint es sich allen Zahlen zum Trotz um eine recht emotionale Angelegenheit zu handeln.

Aus dem »Bioregal« der Traueranzeigen meldet sich Prof. Dr. Friedrich S.-B. mit einem grammatikalisch etwas verstörenden Satz. Oder muss das so?

ICH BIN NUR MIT WIR

- Bio -
Prof. Dr. Friedrich S██████-B██

* 16. Juli 1932   † 26. Juni 2019

DU FEHLST

Jacqueline
Fritz und Manuela mit David
Chris und Katharina mit Lorenz, Oskar und Anselm
Cornelia und Michael mit Serjoscha

Die Anzeige für Axel M. beginnt halbwegs normal, auch wenn die Mitteilung, dass »viele in dieser Stadt traurig« sind, bereits vermuten lässt: Hier ist ein stadtbekannter Mensch von uns gegangen. Und dann kommt man aus dem Staunen nicht mehr heraus.

Viele in dieser Stadt sind traurig

Axel M██████, geb. 1950

starb am Gründonnerstag 2018 zur Mittagsstunde. Sanft und leise. Auf seine Art. Er ging selbstbestimmt. Im Schlaf. In seinem Bett. Zuhause. Entspannt.

Am 24. April 2018 feiert der Fisch ab 14 Uhr den Bruder, den Onkel, den Partner, den Kollegen, den Freund.
Nach Pfingsten fliegt Axel nach Naxos.

Blumen nein, Spenden ja, Kaffee/Kuchen. Wohlmeinende willkommen.

Gruss und Kuss von Axel

Da ist jemand so sehr dem Vergessen entrissen, dass sein Name gar nicht mitgeteilt wird.

Unvergessen

* 29. 9. 1964
† 25. 4. 2002

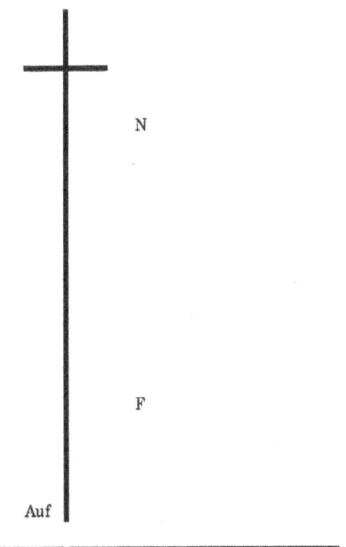

Man sieht die Sonne langsam

Konkrete Poesie im Trauerrand. Ob die Sonne langsam auf- oder untergeht? Und ob irgendjemand weiß, wer hier verstorben ist?

Unserem letzten Stück sieht man nicht einmal an, dass es sich um eine Todesanzeige handelt. Und doch ist sie in den Westfälischen Nachrichten unter dieser Rubrik erschienen. Der entschwebende Ballon mag als Symbol für den Aufstieg in den Himmel und damit als Todessymbol durchgehen. Dazu drei Daten ohne Jahreszahl. Bei zwei Daten hätte man vermuten können: Geburt und Tod. Aber was ist mit dem dritten Datum? Und in welcher Reihenfolge wären sie überhaupt zu lesen? Das wissen nur Insider.

»Besonderer Dank gilt dem Rotwein, der uns über 90 Jahre hat leben lassen«
Danksagungen

Todesanzeigen bieten besondere Gelegenheit, für alles Mögliche zu danken. Immerhin ist ein Leben zu Ende gegangen. Da lässt sich rückblickend doch der eine oder die andere nennen, die darin eine besondere Rolle gespielt haben. Im positiven Sinne, versteht sich. Zugleich bringt es der Prozess des Sterbens häufig mit sich, dass sich verschiedene Leute um einen kümmern müssen. Und wenn sie ihre Sache gut machen, ist ein Wort des Dankes nur allzu angebracht.

Danksagung

Dank den Ärzten des Bayr. Thoraxzentrums Münnerstadt für die gute Behandlung und Mühe. Weitere Behandlung Dr. Welslau und Team, Tagesklinik Aschaffenburg. Er ist ab Januar leider im Klinikum. Für seine extra gute Behandlung. Er nahm sich immer genug Zeit zu beraten und zu trösten. Selbst ihn im Rollstuhl abzuholen, war ihm nicht zuviel. Dafür kann man nicht genug danke sagen.
Unserer Hausärztin Dr. Bergmann-Geis. Für die einfühlsame, gute Betreuung. Auch Dr. Plönissen, Mainaschaff, für die Anteilnahme, oder er Freud oder Leid mitteilen musste.

Unserem Taxifahrer Georg Pudelko, Aschaffenburg, für die Fahrten zum Arzt mit Rollstuhl und allen Hilfen. Dem Pflegedienst Rademacher für die kurze, aber liebevolle Pflege und Hilfe, besonders Frau Ina für die, nach Pflege, plötzliche Sterbehilfe. Sie stand uns in einer so liebevollen und feinen Art bei und kleidete ihn dann sogar ein.
Da kann man sich nicht genug bedanken. Das ist wahre Nächstenliebe.

Herrn Pfarrer Spöckl für die Segnung und Beerdigung. Dem Gesangverein für seine große Anteilnahme, die guten Worte und dem schönen Kranz. Der Pietät Ritter für die gute Beratung und Hilfe.

Danke für alle Blumen und Spenden für Messen. Danke auch allen, die ich vergessen habe und die am mich dachten.

Ein herzliches Danke und Vergelt's Gott.

Hugo H

Molkenberg, im Dezember 2013   **Helmtrud H** mit Familie

So ist es bei unserer ersten Anzeige. Detailliert schildert Helmtrud H., wer dazu beigetragen hat, den Leidensweg ihres Mannes etwas erträglicher zu machen. Und dabei vergisst sie auch diejenigen nicht, die sie vergessen hat zu erwähnen – obwohl sie doch an sie gedacht haben.

Bestimmt wollte sich Margarete T. für die Anteilnahme am Tod ihres Mannes bedanken. Stattdessen aber dankt sie überraschenderweise ihrem Mann für seine Anteilnahme. Eine schöne Vorstellung, dass der Schmerz und die Trauer der Hinterbliebenen die Verstorbenen nicht kaltlässt.

Gerd T

* 11. 6. 1936   † 25. 10. 2013

Danke

für die herzliche Anteilnahme meines lieben Mannes

Margarete T   & Angehörige

Franzjosef T

* 23. 9. 1927   † 8. 6. 2014

Herzliches "Vergelt´s Gott"

sagen wir Allen, die uns in der schweren Zeit sowie auf dem Weg zur letzten Ruhestätte meines Ehemannes, unseres Vaters begleitet und uns durch geschriebene Worte, einen liebevollen stillen Händedruck sowie Geldzuwendungen unterstützt haben.

Unser besonderer Dank gilt:

dem ambulanten Pflegedienst Milwald
der Hausarztpraxis, Drs. Winter und Heß
der AOK Schramberg
dem Beerdigungsinstitut Hauser
der kath. Kirchengemeinde mit Herrn Pfarrer Dr. Eisele
unserer liebevollen Jolanta

Weniger Dank gebührt:

· der "aktuellen Gesundheitsreform", für die eine bürokratische-, finanzorientierte und zertifizierte Arbeitsweise wichtiger ist als menschenwürdige (christliche) und altersgerechte Unterstützung- und die bei "betagten Pflegefällen" zuerst nach einer Patientenverfügung fragt, um dann die "medizinische Versorgung/Heilungsunterstützungen" dementsprechend minimalistisch ausrichten zu können!
· dem SRH Krankenhaus Oberndorf
· der Kurzzeitpflege St. Konrad in Zimmern.

Im Namen der Angehörigen:
Erika T   mit den Söhnen:
Armin, Roland und Ewald

Schramberg, im Juni 2014

Ausführliche Danksagungen geben einem auch Gelegenheit, jemandem eins mitzugeben. Zum Beispiel, indem man diese Person gar nicht erwähnt, sie »vergisst« oder einfach weglässt. Doch damit alle verstehen, wer gemeint ist, kann man auch »weniger« danken.

Dass sich Danksagungen durchaus mit anklagenden Worten verbinden lassen, zeigt auch die Anzeige für Jutta K. Wenn die Sache erst mal mit einer grundsätzlichen Kritik an den Corona-Maßnahmen anhebt, wirkt der Dank an »Samen-Zimmermann für die floristische Rahmung« und all die anderen gleich viel freundlicher.

Die Besuchs- und Ausgangsbeschränkungen in Pflegeheimen im Rahmen der Corona-Pandemie verstoßen in weiten Teilen gegen das Grundgesetz. Das ist das Ergebnis eines Rechtsgutachtens ...
Bundesarbeitsgemeinschaft der Seniorenorganisationen e.V.

Ein letzter Dank

Ihr selbstloses Geben, liebevolle Fürsorglichkeit, sanfte Geduld und eigene Zurücknahme bleiben Angehörigen, Freunden, vielen Nachbarn aus Garten- und früherem Wohnumfeld, selbst ferneren Bekannten, die ihre Betroffenheit mit unserem Schmerz aufrichtig teilten, in würdigem Andenken. Unsere liebe Mutti, Schwiegermutti und Ehefrau

Jutta K

hätte so viel herzliche Worte mit einem leisen Lächeln angenommen. Uns gaben sie Trost und Kraft. Allen, die ihr den Abschied in Blumen betteten oder uns durch persönlichen oder schriftlichen Beistand der guten Erinnerung an sie versicherten, sagen wir lieben Dank! Besonders danken wir Wolfgang Stammberger für seinen einfühlsamen Blick auf ihr Leben, Samen-Zimmermann für die perfekte floristische Rahmung und dem Bestattungsinstitut Lange für die freundliche Begleitung.

Thomas, Heike und Günter K im Namen der Angehörigen

Rudolstadt-Schwarza, im Mai 2021

Ein Jahr Corona-Heimauflagen tapfer ertragen, seit Februar geimpft, doch im Pflegeheim ohne freies Zutrittsrecht Angehöriger zu ihrem Zimmer gestorben. Um trotz Durchimpfung fortbestehende Verbote wussten all diese zur Abhilfe Aufgeforderten seit Wochen: Heimaufsicht, Gesundheitsamt, Landrat, Staatskanzlei, Gesundheitsministerium.
Sie sandten teils blumige Worte. Danke Rechtsstaat!

Jutta K , geb. S
* 22.09.1936 in Neuensorga † 04. 04. 2021

in einem für Angehörige verschlossenen Pflegeheim in Rudolstadt gestorben

Eine zweite Dankesanzeige für Jutta K. macht uns mit einer Spielart der Danksagung bekannt, die in Todesanzeigen eher selten vorkommt: dem höhnischen Dank.

Sarkastisch dankt Birgit H. für die Umbettung der Urne ihrer Mutter.

Danksagung

an die Verantwortlichen, die die Urne meiner Mutter

Elisabeth H

* 16. April 1930 † 16. August 2003

in ein anonymes Grab haben umbetten lassen, ohne mich darüber zu infomieren.

Birgit H

Danksagung

all denen, die unserem lieben

Alfred P

auch zum Schluss noch gezeigt haben,
sei es durch einen stillen Händedruck,
herzlich geschriebene Worte, Blumen- und
Geldzuwendungen sowie persönliches Geleit,
dass er doch ein geschätzter Mensch auf Erden war.
Für die Teilnahme seiner Schwester Helga, die am Tag der
Beisetzung eigentlich ihren 80. Geburtstag feiern wollte.
Dem Bestattungsinstitut Werner Schmidt, Quedlinburg,
für die sehr sehr gute Betreuung sowie für den wundervollen
Grabstein der Firma Hartlep-Grabmale – Westerhausen,
und den wunderschönen Blumen vom Blumengeschäft
Beate Klockau, Wegeleben.
Dank auch denen, die für Trauer und Schmerz kein Verständnis
haben und nur an Geld denken.

**seine Söhne Peter, Jürgen
und Familie**

Wegeleben, im Oktober 2015

Danken, um anzuklagen. Das gilt auch für die Anzeige, die Alfred P. gewidmet ist. Wir vermuten familiäre Spannungen, Geldsorgen und persönliche Feindschaften. Dafür spricht auch die Formulierung, dass Alfred P. »doch« ein geschätzter Mensch auf Erden gewesen sei.

DANKSAGUNG

Nach jahrelanger Isolation und Dunkelhaft hat mich das Schicksal endlich befreit, und ich habe Basel, das leider nie zu meiner Heimat wurde, in der Richtung verlassen, wo die Steine teilweise menschlicher sind als hier viele der Menschen.

Ich möchte diesen Anlass dazu verwenden, den wenigen Menschen, man kann sie bequem an den Fingern abzählen, die mir während meiner langjährigen völligen Erblindung in Freundschaft beigestanden sind, aus tiefem Herzen zu danken und mich gleichzeitig von ihnen zu verabschieden.

Allen anderen, deren Hilfsbereitschaft sich während langer Jahre auf sporadische, telefonische Lippenbekenntnisse beschränkte: Möge Gott verzeihen – ich kann es nicht. Im Gegenteil, ich wünsche allen, dass sie bei gleichem Schicksal wie dem meinen nur Menschen begegnen sollen, deren Fähigkeit zur Nächstenliebe genau so gross ist wie ihre eigene.

Basel, den 8. November 1998

Gezeichnet Alexander von T▮▮▮

Als Danksagung getarnt: eine Generalabrechnung mit der Stadt Basel und ihren Bewohnern.

Zum Abschied verneige ich mich vor meinem Freund und Helfer

Dr. phil. Carl Heinz L▮▮▮

Bei einem Schlittenunfall vor 30 Jahren hat Herr Dr. Lettau als Schwerkriegsbeschädigter bei meinem Sohn erste Hilfe geleistet.
Er hat für mich und meine kinderreiche Familie gesorgt, dass wir eine Baugenehmigung bekommen haben.
Durch den Tod meines schwer kriegsbeschädigten Vaters habe ich die Einladungen von Herrn Dr. Lettau leider nicht mehr wahrnehmen können.
Seine Herzenswärme, Güte und menschliche Wärme sind uns ein Vermächtnis.   **Horst Gerhart K▮▮▮**
Raisdorf, Reuterkoppelsiedlung, Königsberger Straße 18
früher Großgarten, Kreis Angerburg, Ostpreußen
(Weißer Jahrgang 1935)

Ostpreußisch korrekt verneigt sich Horst Gerhart K. vor dem Verstorbenen, dem er ja einiges verdankt. Schade nur, dass er die Einladungen seines Wohltäters nicht mehr wahrnehmen konnte.

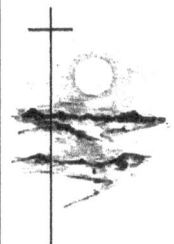

Leben ist was uns zustößt während wir uns etwas ganz anderes vorgenommen haben.

Natascha W

* 30. 11. 1978 † 22. 7. 2021

Horgau, den 7. August 2021

Danke für die wunderschöne Zeit
mit Dir in Liebe
Dein Peter, Ehemann
Liebe Mama wir vermissen Dich
Michael und Christian, Söhne
In liebevoller Erinnerung
Werner und Eva W
Christian W mit Christine
Wolfgang L
Sylvia und Jochen B
Brigitte Zott
Familie Löw
im Namen aller Angehörigen

Eine außergewöhnliche und sehr berührende Danksagung: wenn am Ende der Frauenärztin für die Sterbehilfe gedankt wird.

Danke an die Frauenärztin für die Sterbehilfe.

Wenn die Kraft zu Ende geht, ist Erlösung eine Gnade.

Als Lebenshelfer wirkte hingegen der unbekannte Organspender, der Rolf P. noch gut 13 Lebensjahre ermöglicht hat.

Nach langer schwerer Krankheit müssen wir schweren Herzens Abschied nehmen von meinem lieben Mann, von unserem lieben Papa, Opa und Schwiegervater

Rolf P

* 10. Juli 1940 † 19. November 2013
♥ August 2000

In Liebe und Dankbarkeit
Heidi
Silvia und **Peter** mit **Oli**
Sabine und **Oliver** mit **David & Jamie**

Wir danken dem
unbekannten
Organspender

Die Beerdigung findet am Montag, dem 25. November 2013, um 14 Uhr auf dem Alten Friedhof in Stuttgart-Weilimdorf statt. Von Beileidsbekundungen am Grab bitten wir Abstand zu nehmen.

Danksagung

Heimgekehrt vom Grab meiner Frau

Lore F

möchte ich allen danken, die durch ihre persönliche Teilnahme an der Beerdigung sowie durch Wort oder Schrift ihre Verbundenheit zeigten.
Besonderer Dank an Herrn Kaplan Paul, dem Hausarzt Herrn D. Kaiser, den Schwestern und den Pflegern der Ökumenischen Sozialstation in Friesenheim, der Physiotherapeutin Dana sowie unserer Zofia und Agatha.
Ich danke auch Frau Rechtsanwältin Eva Peter für Rat und Tat.

– Auch ein besonderer Dank gilt dem Rotwein, der uns über 90 Jahre hat leben lassen. –

Carl F. hat nach der Trauerfeier für seine Frau Lore eine ganze Liste an Danksagungen abzuarbeiten: vom Kaplan über das Pflegepersonal bis hin zur Rechtsanwältin. Aber auch das besondere Lebenselixier wird dankenswerterweise nicht vergessen.

Als Großmutter war Marianne G. die Idealbesetzung: Kümmerin und Meisterin in der Zubereitung großmuttertypischer Speisen.

Marianne G

05.07.1938 – 10.10.2018

Danke Oma, dass du immer für mich da warst.
Deine Klöße sind die Besten. Dein Niklas.

Die Trauerfeier findet am 07.11.2018 um 12:00 auf dem katholischen Friedhof Braunschweig statt.

Von den Klößen zum Rheinischen Sauerbraten. Aber es ist ja noch so viel mehr, wofür die Angehörigen Addi S. Danke sagen. Am wichtigsten natürlich: das große Kinderherz.

Addi S

* 27. August 1943 † 22. Februar 2014

Danke für den Rheinischen Sauerbraten, die vielen Kissenschlachten, Kastaniensuppe, eine unbeschwerte Kindheit, Sternegucken, die für unser Essen geopferten Mittagspausen, die intensiven Gespräche, Kuscheln im Wohnwägele, Opaplätzchen, Muskelmessen, Zugfahren und Dein grosses Kinderherz.

In Liebe

Vera Ruth

1930 auf Deck erschienen.
Seit 1957 auf der Brücke,
das Steuerrad immer fest in den Händen.
Mit klarem Kurs auch in unruhiger See jedes Ziel erreicht.
Die letzten Jahre auf Reede.
Nun im sicheren Hafen für immer festgemacht.

Wir trauern um unseren Seniorchef

Karlheinz A

Lieber Herr A, wir sagen Danke - für Ihre Menschlichkeit, für Ihre Fairness, für alles!

Danke dafür, dass wir Sie an Bord Ihrer Flotte ein Stück auf einer spannenden Reise begleiten durften. Danke auch für manches Shanty und die stets pünktliche Heuer.

Sie fehlen uns!

Ihre A - Crew

Als Seniorchef hat sich Reeder Karlheinz A. den Dank seiner Crew, wie man wohl sagen muss: redlich verdient. Dabei ist man als Landratte vor allem von zwei seiner Talente beeindruckt: Shantys singen und die Heuer stets pünktlich zahlen.

Nachruf

Lieber **Werner M___ zu N___**

wir liebten die Musik, du als Keyboarder
und Bandleader, ich als „Discjockey"
Wir waren bei der Plattenfirma „Koch Music",
du als „Sänger" der „TOPS", ich als Manager.
Wir waren auf der Bühne und schenkten den Gästen
unseren gemeinsamen Musikstil mit Spaß und Liebe.

Danke, das ich dich, deine Frau Nora und deine Bandmitglieder:
Siegi, Paul, Gerry und Toni kennen lernen durfte.
Danke für den unvergesslichen „Tanzabend" in der „Pfarrberg-
halle Waldulm" im Januar 2015, bei EURO TOURS Pfeifer.

Danke, für die letzten 25 Jahren der gemeinsamen
Wertschätzung und Freundschaft!

Mein Mitgefühl gilt deiner Frau, den Kindern,
den Angehörigen und den „TOPS"

Mit musikalischem Gruß zu dir lieber Werner.

„Discjockey Claudio"
Claudio und Christina

Achern, Juni 2015

Dank an den Keyboarder und Bandleader Werner M. zu N., der sich auch als »Sänger« produzierte, wie sein Mitstreiter »Discjockey« Claudio berichtet. Die Anführungszeichen sind in dieser Anzeige vielleicht nicht immer ganz schmeichelhaft gesetzt. Doch gewährt sie Einblick in ein hartes Musikerleben, in dem der »Tanzabend« in der Pfarrberghalle im malerischen Rotweindorf Waldulm zu den unvergesslichen Höhepunkten gehörte.

JEDES HAT SEINE ZEIT.

Unser Leben war schön, unser Leben war glücklich.
Es waren fast fünfzig Jahre inniger Liebe und Gemeinsamkeit.
Es war erfülltes und erfolgreiches Arbeiten in unseren Wunschberufen
und es war zum besten Teil DDR-geprägt.

Wir wären so gern noch geblieben, … aber der Wagen, der rollt …
Unsere Lebensreise beenden wir mit Stolz und Dankbarkeit.

MR Dr. med. Brunhild S___
27.12.1940 – 23.10.2008

Dr. Hansgeorg S___
17.12.1940 – 15.10.2008

Auch das kommt vor: dass sich die Verstorbenen bedanken. Jedoch geschieht dies selten im Doppelpack. Und noch seltener gilt der Dank den Lebensverhältnissen in der DDR.

Schließen möchten wir dieses Kapitel mit einer klaren Ansage, die Hilde T. in ihrer eigenen Todesanzeige macht: Sie sagt Danke und Schluss ist!

Hilde T

* 1. September 1938 † 7. März 2014

Danken möchte ich allen, die mich in meinem Leben begleitet haben, insbesondere

Prof. Dr. Jürgen J

Anja R -D und Stephan D mit Julian

Christine R

Anne T und Jochen Z mit Theo

Dr. Rudolf T

Ich vertraue auf Verständnis für meinen Wunsch, diese Nachricht als stillen Schlusspunkt zu sehen ohne die aufwühlende Folge von Bezeugungen der Anteilnahme.

Hilde T

»This account has been canceled«

Grafisch auffällige Anzeigen

Bei der grafischen Gestaltung der Traueranzeigen hat sich in den vergangenen Jahren sehr viel verändert. Soweit wir das beurteilen können, folgen die meisten Annoncen zwar noch immer dem bewährten Standardmodell mit Trauerrand, Kreuz oder gebrochener Rose. Doch weichen die »ungewöhnlichen Todesanzeigen«, um die es ja in diesem Buch geht, viel stärker von diesen Mustern ab. Manche sind gar nicht mehr als Traueranzeigen zu erkennen, sondern übernehmen Elemente aus anderen Genres.

Es gibt Menschen, die kann niemand ersetzen.
Traurigen Herzens müssen wir Abschied nehmen von

Hans-Heinrich C

TFOAR a.D.

23.12.1935   2.8.2017

Und immer sind da Spuren deines Lebens, Gedanken, Bilder, Augenblicke und Gefühle, die uns an dich erinnern.

Unsere erste Anzeige bleibt noch sehr nahe am üblichen Design. Für Fernmeldetechniker Hans-Heinrich C. wurde das sonst übliche Kreuz dezent durch eine Antenne ersetzt, wie sie heute auch nicht mehr häufig zu sehen ist. Umso mehr dürfen wir unterstellen, dass der Verstorbene eine besonders innige Beziehung zu seinem einstigen Beruf gepflegt hat.

Nicht weniger dezent, und doch unübersehbar, deutet sich an, welche Pflanze im Leben von Raimund »Samu« S. eine überragende Bedeutung gespielt haben dürfte.

Statt Karten

Einschlafen dürfen, wenn man das Leben nicht mehr selbst gestalten kann, ist der Weg zur Freiheit und Trost für alle.
Hermann Hesse

In liebevoller Erinnerung nehmen wir Abschied von unserem Bruder, Onkel, Schwager und Cousin

Raimund „Samu" S

* 6. September 1953   † 8. Juli 2020

Roland und Greta S
mit Patricia

Nicole M und Bernd K
mit Leyla und Shirin

Robert und Ingrid S
mit Julia, Anne, Jonas

Traueranschrift: Robert S
K , 41199 Mönchengladbach

Die Urnenbeisetzung erfolgte im engsten Familienkreis.

Und doch sind die Kreuze aus den Anzeigen keineswegs verschwunden. Sie werden nur ein wenig anders gestaltet, wie die Anzeige für Schlagzeuger Erich P. zeigt.

Aus heiterem Himmel...

Wir nehmen Abschied von
unserem Freund und 1. Vorsitzenden

Daniel H

22.08.1996 - 21.10.2018

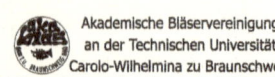

Akademische Bläservereinigung
an der Technischen Universität
Carolo-Wilhelmina zu Braunschweig

Die Akademische Bläservereinigung der Universität Braunschweig verabschiedet sich von ihrem Ersten Vorsitzenden mit einem besonderen musikalischen Einfall: eine Generalpause mit der Vortragsbezeichnung »sforzatissimo« (sffz). Das heißt, die Pause muss besonders stark betont werden.

Die Freunde und Kollegen von der Presse- und Öffentlichkeitsarbeit (PÖA) der Hamburger Polizei haben für ihren warmherzigen Weggefährten »Fitzi« eine

bemerkenswerte Anzeige gestaltet: Das Polizeiabzeichen wird aus den Schlüsselbegriffen gebildet, die die Kollegen mit ihm verbinden.

Kein Platz für Sentimentalitäten bleibt in der Anzeige für Anton P. Und auch wenn wir beeindruckt sind von der schlüssigen Übertragung einer Todesanzeige in die Online-Welt – ein wenig fröstelt es uns schon. Und wir fragen uns: Wer mag wohl auf den »OK«-Button klicken?

Eher »oldschool«, aber ebenso zwingend im Design ist die Anzeige für den Skatfreund und Ehrenvorsitzenden vom »Skatsportclub Pik As« aus Recklinghausen. Man achte auf die abgerundeten Ecken des Trauerrands.

 A ♠ Wir haben dich verloren, doch der Himmel hat einen Trumpf gefunden. **A ♠**

Unser Skatfreund und Ehrenvorsitzender

Eckhard „Ecki" H

*1942   † 2020

hat im 60. Jahr seiner Vereinsmitgliedschaft
die Karten für immer aus der Hand gelegt.

Ecki, wir danken dir von Herzen für deine jahrzehntelange Treue
und dein langjähriges Engagement als Kassierer unseres Vereins.

Du wirst uns sehr fehlen.

 Deine Skatfreunde vom Skatsportclub Pik As Recklinghausen

Mit einer heimeligen Ansichtskarte vom Chiemsee wird Walter B. verabschiedet. Es hat fast den Anschein, als wäre er von seinem Urlaubsort abgereist.

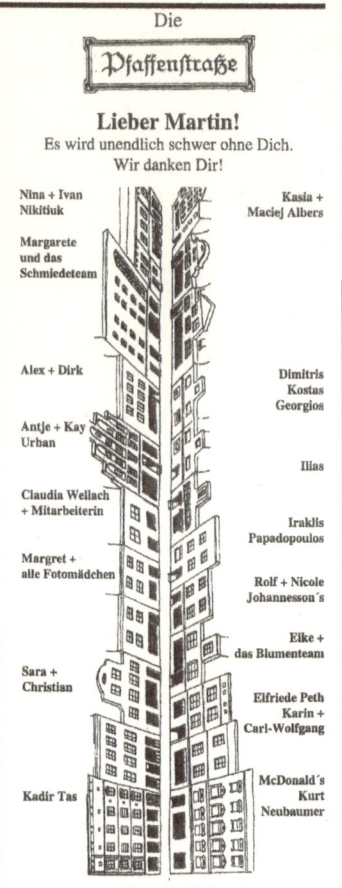

Diese Anzeige macht es anschaulich: Fast in jedem Haus in der Pfaffenstraße wird um Martin getrauert. Der war offenbar so bekannt, dass sein Familienname gar nicht mitgeteilt wird. Und beliebt war er auch – ebenso wie die Pfaffenstraße, die über eine stattliche Anzahl von Freunden verfügt.

Weit weniger erdverbunden und lokal verwurzelt zeigt sich Andreas L., der als »Captain L.« im Weltraum vermutet wird. Und wir dürfen rätseln, welcher Art die »Hamburger Weggefährten« sind, wenn das Ziel der Mond ist.

Die Dame mit Hut hat sich verabschiedet.

Renate Therese Sophie S
geb. P

* 7. April 1937 in Köslin † 5. April 2020 in Hamburg

Wir sind sehr traurig.
In Hamburg sagt man Tschüss!
Sabine M geb. Sch und Gösta M mit Familie
Die Trauerfeier findet in sehr kleinem Kreis statt.

Eine Anzeige mit Stil für »die Dame mit Hut«. Wobei man sagen muss: Erst durch den Scherenschnitt bekommt das Ganze etwas damenhaft Elegantes. Und die anderen Hamburger Damen mögen ihre Hutlosigkeit umso schmerzlicher empfinden.

Den Familiennamen mit einem Firmenlogo zu illustrieren, ist eine kecke Idee. Aber eine, die ganz gewiss dazu führt, dass diese Anzeige nicht übersehen wird. Jeder, der die Seite mit den Todesanzeigen aufschlägt, wird wissen: Frau Post ist gestorben.

Wir nehmen Abschied von
unserer lieben Mutter, Oma und Tante.

 Erika Post

geb. S
* 09.06.1925 † 15.05.2016

Nicht was die Dinge an und für sich sind,
sondern was sie für mich sind,
macht mich glücklich oder unglücklich

Hanne Becher
geb. G

* 29.März 1926 † 14.Oktober 2016

Auch in der folgenden Anzeige wird der Familienname grafisch umgesetzt. Das sieht ein bisschen aus wie ein Zaubertrick, doch in Hinblick auf das Lebensmotto der Verstorbenen kommt uns der vielfach strapazierte Vergleich von den halb leeren und halb vollen Gläsern in den Sinn. Das Prinzip gilt ebenso für Becher. Mit der richtigen Einstellung kann man selbst dann noch bei Laune bleiben, wenn die letzten Becher geleert sind.

Nun krähte er zum letzten Mal.

Hemme

Wir nehmen Abschied von

Helmut Gallus
* 21. 9. 1931   † 18. 3. 2018

In Liebe und Dankbarkeit
Sabine und Karsten
Bärbel mit Nils

Das lateinische Wort »Gallus« bedeutet Hahn. Und das Hahnenkrähen kündigt einen neuen Tag an. Grafisch ist das in der Anzeige schön umgesetzt, im Original sogar in Farbe. Doch in Verbindung mit dem Motto wirkt es nicht ganz so liebevoll.

Nicht jedes Rätsel ist lösbar
Nicht jeder Kampf ist zu gewinnen

Gudrun M
geb. K   in Soest
* 16. 04. 1960   † 23. 05. 2021

Darum müssen wir uns viel zu früh verabschieden von meiner Frau, unserer Mutter, Schwiegermutter und ganz toller Großmutti („Grutti").

Detlef M
Claudia und Andreas G   G
  mit Luisa, Florian und Paulina
Marion und Florian M
  mit Annabell und Hermine
Max M

An den sportlichen Ehrgeiz aller Rätselfreunde richtet sich die Anzeige für »Grutti« Gudrun M. Wir vermuten, dass wenige Anzeigen so eingehend betrachtet worden sind wie diese. Denn wer wollte es nicht wissen: Ist zumindest das Sudoku lösbar? Oder haben sich »Gruttis« Hinterbliebene erlaubt, uns eine lebenskluge Lektion zu erteilen?

Wir werden dich vermissen!

Pedi + Esther *Annette*
Torsten + Antje *Bea*
Cami + Bille *Marcus*
Satya + Stefanie

Vergleichsweise leicht lösbar erscheint hingegen das Rebus für »Schiko«. Aber dafür wirkt die Sache sehr sympathisch. Allein für ihre exzessiven Streichungen beim »Bumerang« verdienen Schikos Freunde unseren Beifall.

Ein Rätsel ganz anderer Art stellt sich bei der Anzeige für René. Ist das Kunst – und wenn ja, stammt sie von René? Auch die Bedeutung des Begriffs »Außenstadt« erschließt sich womöglich nur dem Freundeskreis.

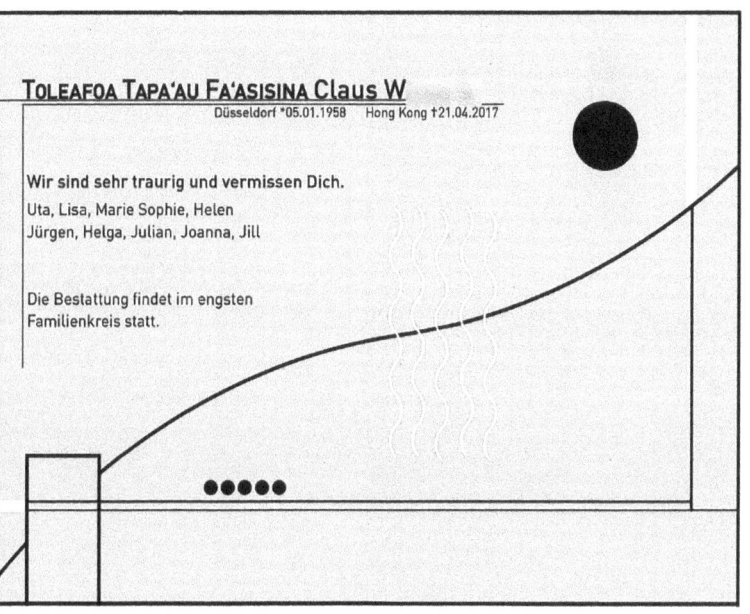

Trotz ihrer ungewöhnlichen Anmutung mit einem Vokabular aus Samoa erscheint die Anzeige für Claus W. dem unvoreingenommenen Zeitungsleser doch etwas zugänglicher. Was immer die fünf Punkte bedeuten, womöglich eine fünfköpfige Familie, so hat Claus W. sie offenbar hinter sich gelassen, das große Wasser überquert, einen neuen, umfangreichen Bezugspunkt, um nicht zusagen: Leitstern entdeckt, um dann hinüberzuwechseln in eine andere Welt. Wobei wir beruhigt feststellen können: Die Lebenslinie steigt fast kontinuierlich an.

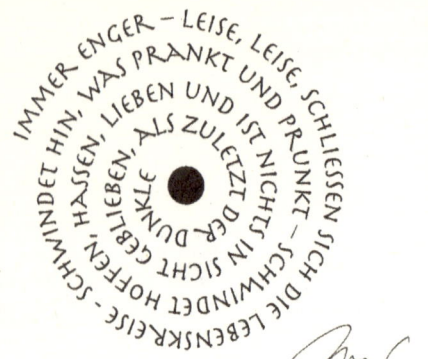

Als Spirale, die auf einen dunklen Punkt zuläuft, wird uns die Lebensbilanz von Mares S. präsentiert. Und das sogar noch gereimt. Bei so viel ästhetischem Aufwand hätten wir eigentlich eine etwas positivere Lebensbilanz erwartet.

Mares S

*21.10.1920   †15.03.2013

In ihrem Freundeskreis war Margrid R.-B. der Mittelpunkt. Das lässt sich kaum sinnfälliger zum Ausdruck bringen als durch die folgende Anzeige:

Der Zeichner und Kinderbuchautor Wilhelm Schlote hat seinen ganz eigenen, unverwechselbaren Stil entwickelt. Für den Kölner Hotelier Eckbert K. hat er die Traueranzeige gestaltet, die im Original recht farbenfroh daherkommt. Dabei erfüllt uns vor allem der Engel, der den Champagner nachgießt, mit Hoffnung und Sympathie.

Professor Dieter L. ist hingegen gefordert, seine Todesanzeige mit einem Selbstbildnis zu bestreiten, das vermutlich nicht frei von Selbstironie ist. Zumindest beeindruckt der Kontrast zwischen dem Zeichner und seinem Werk.

Ein Selbstbildnis ganz anderer Art hat Joschi hinterlassen, von dem wir nicht viel mehr erfahren als sein Sterbedatum. Die Kombination von verdrehten Buchstaben und Kinderzeichnung ist sehr berührend und lässt Raum, sich auszumalen, dass Joschi vielleicht ein fröhlicher Mensch gewesen ist.

Das Motto »Ich freue mich auf keine Zukunft« lässt wenig Raum für hoffnungsfrohe Botschaften. Als diese Anzeige in einer Zürcher Zeitung erschien, sorgte sie für einiges Aufsehen. Sie galt dem Schweizer Zeichner Jupe Haegler, der für seinen abgründigen Humor bekannt war. Haegler litt seit vielen Jahren an multipler Sklerose und war zuletzt ein Pflegefall. Die Zeichnung hat er nicht eigens für seine Todesanzeige angefertigt. Sie ist einige Jahre zuvor in einem Buch von Haegler erschienen. Wie seine Witwe gegenüber einer Zeitung erklärte, sei ihr damals schon klar gewesen: Diese Zeichnung eignet sich perfekt für seine Todesanzeige. Dabei war Haegler selbst ein Sammler von ungewöhnlichen Todesanzeigen. »Seine eigene hätte er sicher auch ausgeschnitten«, glaubt seine Witwe.

Mein Lebensweg ist vollendet. Ich danke allen, die für mich da waren und mich in Erinnerung halten möchten.

Otto G. verabschiedet sich mit einem Scherenschnitt, der die wichtigsten Stationen seines Lebens aufreiht. Das zentrale Element ist jedoch der Lebensbaum, dessen Äste am Ende etwas kahl werden. Die Lebensereignisse bilden seine Wurzeln. Und natürlich sollte nicht übersehen werden, dass jenseits des Grabkreuzes bereits ein neuer Stamm heranwächst.

»Mit deinen Tomaten bist du uns oft auf die Nerven gegangen«

Denkwürdige Hobbys

Was uns besonders am Herzen liegt, welche Talente und Interessen wir haben, das offenbart sich häufig in unseren Hobbys. Nicht überraschend also, dass in vielen Anzeigen die Hobbys der Verstorbenen zur Sprache kommen. Insbesondere wenn diejenigen, die inserieren, dieses Hobby geteilt haben – oder eben gerade nicht, wie unsere Kapitelüberschrift andeutet.

Wilfried S
hat uns viel zu
früh verlassen

Wir trauern um dich und werden unseren Freund, Mannschaftskollegen und Stimmungsmacher
nicht vergessen.
Für dich letztmalig
ein lautstarkes
„Druff und Dewerrer"

Deine Pingpongbrüder
Dominik, Gisbert, Klaus,
Leonard und Timo

Die Anzeige, mit der wir beginnen wollen, gehört zu der ersten Kategorie. »Augen zu und durch« – oder wie man in der südlichen Pfalz und im nördlichen Baden sagt: »Druff und Dewerrer!« Ein beliebter Schlachtruf bei den Anhängern unterschiedlichster Sportarten in der Region. Vom Fußball über Eishockey bis zu den Freunden des beliebten Tischtennisspiels, wie die Anzeige für Wilfried S. belegt, der gleich in dreifacher Funktion unvergessen bleibt.

Ein Leben für drei große F
Familie - Firma - Pferde

Rolf Julius Schw■■■-Sch■■■

* 12. Dezember 1920 † 25. Juni 2019

Träger des Großen Verdienstkreuzes mit Stern
der Bundesrepublik Deutschland
und weiterer hoher Auszeichnungen

Ehrensenator und Ehrendoktor
der Heinrich-Heine-Universität Düsseldorf

Für Rolf Julius Schw.-Sch. zählten in seinem beeindruckend langen Leben drei Dinge, die vermeintlich mit F beginnen. Dass es sein Hobby ist, das hier ein wenig aus dem Rahmen fällt, lässt vermuten: Die Pferde lagen ihm besonders am Herzen.

Plötzlich und unerwartet verstarb der alte Hahn
bei seinem Hobby (Fahrrad fahren).

Klaus Hahn

* 8. 3. 1938 † 30. 7. 2017

Ein Hobby mit F pflegte hingegen »der alte Hahn« — und das in einem recht fortgeschrittenen Alter.

In stiller Trauer:
**Doris und Klaus jun.
Marianne und Gerd
B■■■ ■■■■■■**

56566 Neuwied

Kondolenzanschrift: Bestattungen Walter Knod, Hauptstraße 116, 56566 Neuwied/Heimbach-Weis,
- Klaus Hahn -

Die Trauerfeier und Urnenbeisetzung fand in aller Stille statt.

Gerhard S. war offenbar dem Wein sehr zugetan. Das Paradies verheißt zumindest in dieser Hinsicht höchsten Genuss. Tröstlich auch die Zusicherung, dass die Familie in dieser Angelegenheit auf Erden »aufrecht« weitermacht.

> Gott, du bist vertraut mit all meinen Wegen!
> Stiege ich empor zum Himmel – du bist dort.
>
> # Gerhard S
>
> * 26. 05. 1961   † 05. 11. 2020
>
> Endlich hast du es geschafft. Jetzt kannst du mit dem Höchsten besten Wein trinken.
> Wir machen aufrecht weiter.
>
> **Deine S**

Wenn wir von Hobbys sprechen, dürfen wir über das Vereinsleben nicht schweigen. Zwar ist die Bedeutung der traditionellen Vereine in den letzten Jahren und Jahrzehnten zurückgegangen. Dafür entstehen neue Vereine mit unterstützenswerten Zielen – wie die Anzeige für Martin Robert F. belegt. Allein die Illustration könnte uns veranlassen, noch heute dem VCE beizutreten.

Martin Robert F

Geboren 30. Mai 1960

Erinnerung
Sein Herz hat am 7. Mai 2014 aufgehört zu schlagen.
Seine Kunst und seine Projekte leben weiter!

Wir engagieren uns dafür und heissen Sie willkommen
Vorstand und Mitglieder des
VCE (Verein für die Entfernung der Cigarettenfilter aus der Natur)

Erinnerungszeremonie, Samstag, 14. Juni 2014 ab 18.00, Beginn 19.00
mrfs Umweltkirche, Hauptstrasse 14, 8252 Schlatt TG / Saal Parterre

Konto Credit Suisse, VCE: IBAN CH73 0483 5061 5336 6000 0

Dipl.-Ing., Fachjournalist, Funkamateur, Xirofilie-Experte:

Jan H...

* 25. Januar 1941 † 29. November 2014

Mein lieber tschechischer Freund,
mit dem ich hier seit über 30 Jahren
vertrauensvoll und eng verbunden war,
ist während eines Besuchs in Prag
plötzlich und völlig unerwartet gestorben.

An seinem letzten Tag konnte er sich noch
während eines Treffens beim Kuriositäten-Sammler-Klub
in Prag, von dem er stolz Gründungsmitglied war,
seiner lebenslangen Leidenschaft widmen,
der er auf wissenschaftliche Weise nachging:
dem Sammeln von Rasierklingenhüllen.

Ich bin zutiefst traurig, dass er nicht mehr da ist,
und ich vermisse ihn sehr.
Es tröstet mich, dass er keine Leidenszeit hatte.

Sabine M...
44229 Dortmund

Zu den beliebtesten Hobbys gehört das Sammeln. Die Leute sammeln ja alles Mögliche: Briefmarken, Münzen, Bierdeckel oder eben auch ungewöhnliche Todesanzeigen. Jan H. stellt solche konventionellen Sammelleidenschaften weit in den Schatten. Er war Gründer eines Kuriositäten-Sammler-Klubs (womit er zwei Hobbys vereinte: Sammeln und Vereinsleben). Vor allem aber sammelte er einen Gegenstand, bei dem der Verdacht naheliegt, dass er dessen weltweit einziger Sammler sein könnte.

Für Sammler ist es nichts Ungewöhnliches, dass sie mit ihrem Hobby bei ihren Mitmenschen auf wenig Verständnis stoßen. Doch wenn die Sache mit einem Übermaß an Enthusiasmus betrieben wird, gilt das häufig auch für andere Hobbys.

Zu schnell musstest Du diese Welt verlassen,
wie gern hätten wir Dir noch gesagt,
wie lieb wir Dich hatten!

Reini S...

Mit Deinen Tomaten bist Du uns so manches Mal auf die
Nerven gegangen, was würden wir darum geben,
wenn Du sie uns heute zeigen könntest.

Du fehlst uns schon jetzt, Onkel Reini.

Wir sind fassungslos und sehr traurig:

**Thomas und Matthias
Christian, Biene, Michael
Siegmar, Dagmar, Birgit
Melanie**

Ebenso viel Freude wie die selbst gezogenen Tomaten macht anderen Menschen das Zeitunglesen. Dr. Ferdinand B. fühlte sich einem Blatt ganz besonders verbunden, dem er auch dann noch die Treue hielt, als er es schon nicht mehr lesen konnte. Und nun steht er selbst drin.

Ihr glücklichen Augen,
Was je ihr gesehn,
Es sei wie es wolle,
Es war doch so schön!

Johann Wolfgang von Goethe

DR. MED. FERDINAND B

* 11. Januar 1921 in Kaub am Rhein   † 11. Juli 2021 in Hamburg

Lieber Ferdi, heute nimmst du endgültig Abschied von deiner geliebten FAZ. Du hast sie Jahrzehnte lang mit großem Interesse gelesen. Als dein Augenlicht schlechter wurde, hast du sie immer noch zur Hand genommen; die großen Überschriften konntest du noch lesen und warst so weiterhin informiert. Später ging auch das nicht mehr, aber die FAZ kommt immer noch ins Haus ... heute mit einer sehr traurigen Nachricht ... deiner Todesanzeige.

An einem Sonntag bist du mit einem kaum wahrnehmbaren Lächeln in meinem Beisein eingeschlafen und heimgegangen.

Danke für die wunderbaren 31 Jahre mit dir.

In Liebe deine Doris

Viktoria I

16. März 1919 † 10. September 2012

Jahrzehntelang hat sie unsere Arbeit kritisch begleitet.
Sie war eine Leserin der ersten Stunde,
Abonnentin der Süddeutschen Zeitung seit 1945.
Menschen wie sie zeigen uns, dass sich die Mühe lohnt,
täglich eine Zeitung zu machen.

Wir gedenken ihr in großer Wertschätzung und Dankbarkeit.

Verlag und Redaktion der Süddeutschen Zeitung

Einer anderen Zeitung galt die kritische Aufmerksamkeit und gewiss auch die Sympathie von Viktoria I. Auch wenn sie eine ungewöhnlich treue Leserin gewesen ist, so finden wir es noch ungewöhnlicher, dass Verlag und Redaktion eine Traueranzeige für sie schalten, um sich bei ihr zu bedanken.

Karl May hat eine treue Zuhörerin verloren.

Susanne

wurde vom Großen Manitou
in die ewigen Jagdgründe abberufen.

Es gibt sie noch, die treuen Fans von Winnetou, Old Shatterhand & Co. Auch wenn mehr und mehr von ihnen in die »ewigen Jagdgründe abberufen« werden.

Wir haben Abschied genommen von unserem
langjährigen Mitbewohner und Freund.

Peter S

*19.09.1955   † 13.07.2015

Mit ihm verlieren wir den größten Bonanza Fan aller Zeiten
und einen sehr liebenswerten und fröhlichen Menschen.

Es trauern:
**Die Bewohnerinnen und Bewohner und
die Mitarbeiterinnen und Mitarbeiter
vom
Martinsclub Bremen e. V.
Haus Huckelriede**

Ebenfalls eine Schwäche für den Wilden Westen hatte der fröhliche Peter S. Nur nicht für Winnetou, sondern für die »Bleichgesichter« von der Ponderosa-Farm.

Boulespiel als Lebensform: Die Spielgefährten zeichnen ein warmherziges Porträt von Hubertus V.-U. mit sprachlichem Geschick und leichter Hand, wie es sich für dieses Spiel gehört.

Hubertus V...-U...

Mit scheinbarer Beiläufigkeit fand sich Hubertus meistens auf dem Bouleplatz an der Burg ein, immer irgendwelche Ideen im Ärmel. Boule, Fußball, Politik, die aktuelle Lage, das hing doch alles zusammen! Er spielte nicht einfach nur, mit leichter Hand durchwühlte er auch den theoretischen Unterbau. In vorschriftsmäßiger Gemächlichkeit und mit an Zerstreutheit grenzender Konzentration lieferte er Kugeln und Sätze ab, deren Eigensinn uns erstaunen ließ. Hubertus – ein Phänomen in der Parklandschaft! Mit westfälischer Verschmitztheit pflegte er die Boulekultur. Und seine Kontakte zu uns: Unbeirrbar freundlich und für jeden Unsinn aufgeschlossen. Ein guter Kopf und ein guter Kumpel. Er wird uns fehlen.

Seine Spielgefährten

Leider habe ich mein Spiel nach langem Kampf verloren, jedoch hatte ich das Glück mit dem FC Bayern
21 Deutsche Meisterschaften   13 DFB Pokalsiege   2 Champions-League Titel
sowie viele weitere nationale und internationale Titel feiern zu können.

Markus S...

* 22.7.1971   † 14.7.2016

Das Größte jedoch war mein persönlicher
Comunio-Meistertitel 2015/2016
mit den "Sportfreunde Chiller"!

Ich bin der Weg und die Wahrheit
und das Leben, niemand kommt
zum Vater außer durch mich.

Dankbar und Stolz bin ich dafür, dass ich mein halbes Leben
mit dir verbringen konnte und durfte!
Umso trauriger bin ich, dass unser Spiel vorerst beendet ist.

Ich danke Dir für Deine bedingungslose Liebe
Deine Nicole

Als Fan vom FC Bayern München nutzt Markus S. die Gelegenheit, an die eindrucksvollen Erfolge des Vereins zu erinnern. Und er selbst hat auch einen Meistertitel errungen: in dem Online-Spiel »Comunio«, bei dem man in die Rolle eines Fußballmanagers schlüpft.

Ein Fußballfan mit deutlich anderen Vorlieben war Wilhelm U. Und er pflegte einen trockenen, sehr sympathischen Humor.

Das war kein leichtes Leben. Es ist ihm viel genommen worden.
Aber sein Witz blitzte bis zuletzt kurz und trocken durch diese Schwere:
„ St. Pauli in der dritten Liga? Das will ich nicht erleben."

Muss er auch nicht.

Gott sei Dank.

Wilhelm U

* 5. Dezember 1930 in Riga   † 13. März 2015 in Feldafing

Die »Alten Herren« müssen künftig ohne ihren sprungkräftigen Tormann Tom Z. auskommen. Dafür finden sie ein sehr anschauliches Motto.

"Die Katze fliegt nicht mehr"

Plötzlich und für uns alle unerwartet,
verstarb unser Torwart, Freund und Kamerad

Tom Z

In tiefer Bestürzung und Trauer:
**Deine Kameraden
von der AH des TUS Medenbach.**

Tom, Du wirst uns fehlen.

Nachruf
Dr. Mayr III trauert!

Viel zu früh bist Du gegangen!
Nie geklagt, immer freundlich, gut gelaunt!

Knut W

* 13. 11. 1965   † 1. 2. 2013

Der Mann mit der linken Klebe schießt nicht mehr!

Deine Balljungen:
Andi, C, E, Fleisch, Freddy, Gerd, Jan, Linde, Lohsi, Lutz, Raspi, René, Schuri, Tim, Tom, Uwe, Wiege

Ein weiterer talentierter Fußballer ist zu betrauern. Knut W. stand allerdings nicht im Tor, er war für das Toreschießen zuständig. Und wenn Sie sich fragen, was es mit der »linken Klebe« auf sich hat: Knut war Linksfüßler mit einer gewaltigen Schusskraft. Ganz so wie der legendäre Lothar Emmerich, den man eben auch den »Mann mit der linken Klebe« nannte.

Erfreulich wenig Schwund in der Kleinkaliber Schützengesellschaft Oberbieber am Rande des Westerwaldes. Da hatte der Vorstand offenbar mit höheren Verlustzahlen gerechnet.

Im Jahr 2016 verstarben folgende Mitglieder der Kleinkaliber Schützengesellschaft 1955 Oberbieber e.V.

Arno E

Wir werden den Verstorbenen ein ehrendes Andenken bewahren.

Vorstand KKSG 1955 Oberbieber e.V.

Anstelle persönlicher Benachrichtigung

Traurig nehmen wir Abschied von unserem Vater, Schwiegervater und Opa

Erwin G

* 26. 07. 1937   † 06. 02. 2022

Der Disco Opa ist eingeschlafen.
Samba Erwin hat seinen letzten Tanz getanzt.

Wir vergessen Dich nicht.

Tanzen, bis der Vorhang fällt: Als feuriger Samba-Erwin gestartet, als liebenswerter »Disco-Opa« eingeschlafen.

Passungslos stehen wir da und ringen nach Worten, nur wir finden keine.
Wo immer Du auch gerade fährst, wir fahren mit Dir.
Tot ist nur, wer alleine fährt und vergessen ist.

Werner, wir vermissen Dich.

Gib Gas, gib Gas, gib Vollgas.

Die Biker:

Josef, Moni, Rüdiger, Rita, Rolf, Markus, Petra, Berthold, Manuela, Ralph, Beatrix, Christian, Jutta, Frank, Ella, Martin, Monika, Dietmar, Janet, Axel, Joachim, Wolfgang, Elisabeth, Reinhold, Kirsten und die Beisenkroll-Mädels.

Im Himmel herrscht kein Tempolimit. Und doch könnte man die Aufforderung an Biker Werner für etwas fahrlässig halten. Zumal in einer Todesanzeige.

Nachruf

Paul-Peter

Danke sagen wir Dir, unserem Entendoktor, der uns mit seiner Hilfsbereitschaft und seinem umfassenden Wissen immer geholfen hat.

Mechthild, Claudia, Sonja, Lydia, Esther

Wir werden uns gerne an dich erinnern.

Als versierter und hilfsbereiter Autoschrauber hat sich Paul-Peter viele Sympathien erworben. Vor allem da er Spezialkenntnisse über einen ganz besonderen Autotyp hatte.

Auch Wolfgang hat mit seinem Hobby seinen Mitmenschen Freude bereitet. Dabei klingt die zweite Frage schon ein wenig eigennützig.

Wolfgang

Warum ... ?

Du wolltest doch noch so viel für uns basteln!?

Deine Lulu, Nina, Ronja, Christian, Hermann und Iris

Ohne Musik wäre das Leben ein Irrtum.
Friedrich Nietzsche

Nach langer Krankheit ist mein lieber Mann friedlich zuhause eingeschlafen.

Klaus K

* 6. März 1934 † 8. März 2016

Mein lieber Klaus,

es ist traurig, dass Du seit ca. 15 Jahren nicht mehr Deinem lieben Hobby nachgehen konntest. Aber wenn Du oben angekommen bist, warten auf Dich schon Hans, Rolf, Janny und Josif und Du kannst Dich wieder in Deinen Saxophonsatz einreihen. Zu Deiner großen Überraschung ist als Gast Dein Lieblingssaxophonist Stan Getz dabei.

Ich hoffe, Ihr habt noch viel Spaß zusammen.

Ich bin traurig	Es trauern
Deine Uschi	Deine Verwandten, Freunde
	und alle, die Dich vermissen

Klaus K. hat mit großer Begeisterung Tenorsaxofon gespielt. Seine Bandkollegen sind wohl schon vorangegangen, sodass er den Bläsersatz nun komplettiert. Dabei hat Uschi auch Stan Getz nicht vergessen, den sich Klaus offenbar zum Vorbild genommen hat. Und wir ahnen: Das Jenseits wäre ein paradiesischer Ort, wenn Menschen wie Uschi die Sache arrangieren würden.

Beschließen möchten wir dieses Kapitel mit der zweiten Musikeranzeige: Mit sympathischer Ironie verabschiedet sich die Gesangsgruppe »Six Pack« von ihrem charakterstarken Arrangeur Rolf W.

Ich verlange unbedingten Gehorsam
brülltest du vor langer Zeit
und hast dich dabei vor Lachen geschüttelt.
Das Lachen ist nun verstummt.
Ohne dich hätte es Six Pack nie gegeben.
Deine Arrangements singen wir weiter
solange wir noch auf eine Bühne hinken können.

Rolf W.

1952 – 2017

Wir verneigen uns vor einem großen Charakter. Leb wohl.
Danke für die gemeinsame Zeit!

Six Pack

Johannes Betz | Markus Burucker | Bernd Esser
Peter Martin Jacob | Lars Kienle | Markus Kopschitz
Klaus Meile | Egbert Neumüller | Christian Potthast
Andreas Sack | Christian Strobler | Cornelius Sturm

»Eine tapfere Leber hat aufgehört zu arbeiten«
Mitteilungen über Todesursachen

Auch wenn es die Leser brennend interessiert: Üblicherweise teilen die Todesanzeigen nicht mit, woran jemand gestorben ist. Allenfalls gibt es Andeutungen. Oder man kann sich aus dem Spendenaufruf am Fuß der Anzeige zusammenreimen, was vorgefallen ist (»Im Sinne der Verstorbenen bitten wir anstelle von Blumen und Kränzen um eine Spende an …« – aha!). Allerdings zeigt sich seit einigen Jahren ein Trend, die Todesursache unverblümt mitzuteilen und dadurch die Bestürzung der Leserschaft beträchtlich zu erhöhen.

„Schließlich ist der Tod für den gut vorbereiteten Geist nur das nächste große Abenteuer."
(Dumbledore in „Harry Potter und der Stein der Weisen")

Reinhold „Reiner" S

* 15. 8. 1952 † 6. 10. 2021

Der hat gesiegt.

In ewiger Liebe:

Agathe, Carsten und Willi
Jenny und Philipp mit Brian
Grete und Volker
Marianne mit Familie
Michel und Sina mit Moritz
Irmi, Uwe   Heike, Norbert
Thomas, Sylvia   Jörg, Johanna
Birgitt B   -S   mit Familie

Vergleichsweise dezent gehen die Angehörigen von Reinhold S. vor. Die todbringende Krankheit wird durch ein drolliges kleines Icon ersetzt. Eine ganz eigene Form von Klartext.

Drastischere Worte finden die Angehörigen von Rita P. — auch wenn sie das Gemeinte nur mit drei Sternchen andeuten.

> Lange gekämpft, trotzdem gelächelt, aber Krebs ist ein A***
>
> **Rita P**
> *7. 5. 1941 † 10. 4. 2017
>
> **Anke**
> **Heiko und Petra**
> **mit Marie**
> **Elke und Uli**
> **Lara und Glenn**
> **mit Finley**
>
> Die Urnentrauerfeier findet am Montag, dem 15. Mai 2017, um 14 Uhr in der Feierhalle des GE·BE·IN Bremen-Lesum, Hindenburgstraße 23, statt. Wir bitten auf Kranz- und Blumenspenden zu verzichten.
> Die Urnenbeisetzung erfolgt zu einem späteren Zeitpunkt im engsten Familienkreis.

> Du hattest Dir so fest vorgenommen, das fünfte Wunder Deines Onkologen zu werden!
>
> **STEVE T**
> *1.5.1955 † 15.9.2013
>
> No more sandwich cuddles -
> wir sind starr vor Trauer und Schmerz
>
> **Deine Annette und Matilda**
> **im Namen aller englischen**
> **und deutschen Verwandten**
>
> Die Beerdigung findet am Mittwoch, dem 25. September 2013 um 14.00 Uhr auf dem Friedhof in Katzwang statt.

Steve T. wird hingegen mit unterkühltem, man darf wohl sagen: britischem Humor verabschiedet.

Ein Wort, das in anderen Anzeigen gemieden wird, weil wir Angst davor haben. Hier soll es für sich selbst sprechen. Dabei gibt sich Tanja ebenso wenig namentlich zu erkennen, wie sie den Namen ihres Vaters preisgibt. Es ist eine sehr persönliche Angelegenheit.

Alzheimer

Papa

* 6. Mai 1944 † 15. Mai 2013

Tanja

Corona, Du hast uns zutiefst getroffen.

ANNE

10.05.1946 – 08.10.2020

Mitten aus dem Leben
Ohne Vorwarnung
Du fehlst uns

Hans
Achim, Angelika, Markus, Marie und Matthias
Jan, Inga und Klara

Falls Sie dies lesen:
Achten Sie auf sich und andere. Es ist ernst und nicht banal.

Gerade im ersten Jahr der Pandemie erschien eine Reihe von Anzeigen, die mitteilten, woran die Liebsten gestorben waren. Und viele verbanden das mit einem Appell, die Gefahr ernst zu nehmen. Die Anzeige für Anne berührt uns sehr mit ihren einfachen, treffenden Worten und dem Porträtfoto.

"Eine tapfere Leber hat aufgehört zu arbeiten," hätte deinem Humor entsprochen, lieber Rüdiger.

Für die Todesursache von Rüdiger H. haben seine Angehörigen eine bemerkenswerte Formulierung gefunden. Die könnte man für etwas herzlos halten, sie ist jedoch auf den eigenwilligen Humor des Verstorbenen gemünzt und daher nur liebevoll gemeint. Uns hat die Formel so gut gefallen, dass wir sie zum Titel unseres Buchs gemacht haben.

*Obwohl wir Dir die Ruhe gönnen,
ist voller Trauer unser Herz.
Dich leiden sehen und nicht helfen können,
das war für uns ein großer Schmerz.*

Rüdiger H

*18. November 1950   † 13. Januar 2013

Wir werden Dich und Deinen Humor vermissen.

Deine Söhne Oliver und Dirk H
Dein Bruder Christian
Deine Freundin und Pflegerin Susanne M
und ihre Familie, Freunde und Anverwandte

Von unverwüstlichem Humor zeugt auch die Anzeige für Uwe Kurt N., der offenbar gerne Rennrad gefahren ist und ausgerechnet an Amyotropher Lateralsklerose, kurz ALS, erkranken musste. Diese qualvolle Krankheit führt zu Krämpfen, Lähmungen und Muskelschwund. Dass er sie mit der strapaziösen Radrundfahrt »Giro d'Italia« vergleicht, lässt erahnen, dass er sein Schicksal nicht nur sportlich genommen, sondern mit großer Tapferkeit ertragen hat.

Meine letzte Rundfahrt, der Giro de ALS, ist beendet. Das Ziel ist erreicht.

Uwe Kurt N
* 15.03.1952   † 19.09.2014

Meine Familie und ich danken allen, die uns durch alle Etappen begleitet und unterstützt haben.

Die Beisetzung fand meinen Wünschen entsprechend im kleinsten Kreis statt.

"Auf auf in die Höh', die Luft ist kühl und frisch."

Wer das Risiko liebt wie der nicht näher bezeichnete Manfred, für den gilt die Devise: Bremsen ist auch keine Lösung. Dabei verstört es schon ein wenig, dass Manfreds »Freunde und Partner« Grüße bestellen an »Gerhard und Peterle«. Die werden doch wohl nicht ebenfalls gebremst oder ungebremst zu Tode gekommen sein?

Manfred
1948 - 2015

Wie war das ?
Wer bremst verliert:
Rennunfall überstanden,
Flugzeugabsturz überstanden,
jetzt hast Du gebremst.

Deine Freunde und Partner:
Rolf, Florian, Sepp und **Tom**

Grüß mir: **Gerhard** und **Peterle**

Angesichts der Evolution ist die Geschichte der Menschheit ein Wimpernschlag.

TODESANZEIGE UND DANK
Dr. med. Willi B
14. Februar 1939 bis 30. April 2012

Wegen einer Blinddarmoperation wurde sein glückliches Leben mit einem Schlag zerstört. Spezialärzte machten katastrophale Kunstfehler mit verheerenden Folgen, die sein Leiden ins Unerträgliche anschwellen liessen. Schlussendlich wurde er von seinen Schmerzen erlöst.

Seine Asche wird ein Teil von anderen Lebewesen.

2540 Grenchen

In tiefer Trauer:
Dr. med. Pimprapai B

Wenn Spezialärzte versagen – dann kann man auch an den Folgen einer Blinddarmoperation zugrunde gehen, wie das Beispiel von Dr. med. Willi B. eindrucksvoll belegt.

Margret H̄

Mutter, Lehrerin und Freundin,

wert, unter unseren Göttern zu sitzen, verunglückt auf einer Bergwiese in Graubünden unter den Hufen der dortigen Rinder.

Ihr Menschen, eine Brust her,
Dass ich weine!

H. v. K.

Zwei alte Frauen. Du schweigst und ich gehe in mich.

Sibylle W̄ , Charlottenburg, im August 2015

Auf einer Bergwiese unter die Hufe des dort weidenden Hornviehs zu geraten, das muss ein fürchterlicher Tod sein. Doch textet Sybille W. eine Anzeige dazu, die diese Todesursache in ein verdächtig literarisches Licht taucht. Dazu ein Zitat aus einem weithin unbekannten Gedicht von Heinrich von Kleist, den sie kennerhaft »H. v. K.« abkürzt. Die Gespräche der »zwei alten Frauen« hätte man doch gerne mal belauscht.

Gewiss nicht unter die stampfenden Hufe einer Rinderherde geraten ist Josef H. Der Kontrast zur vorhergehenden Anzeige könnte kaum größer sein.

Unser lieber Bruder

Josef H̄

ist am 1. November lautlos verstorben.
Wir trauern um ihn

Seine Schwestern
Lore und Linde

In unseren Herzen bist Du immer bei uns.

In tiefer Trauer geben wir das plötzliche Einschlafen unseres geliebten Vaters und Großvaters bekannt.

Manfred N

* 2. April 1935 † 22. März 2015

Seine Bescheidenheit und Warmherzigkeit sollen uns auf immer ein Beispiel sein. Mögen wir uns seines Andenkens als würdig erweisen.

Angelika K
Michael N
John K und Familie
Alexander N
Maike N

Die Beerdigung findet am Mittwoch, dem 8. April 2015, um 11.00 Uhr von der Kapelle des Friedhofes Hamburg-Bergstedt aus statt.

Ebenfalls auf die leise Art scheidet Manfred N. aus dem Leben. Doch sorgen seine Angehörigen immerhin dafür, dass dies »bekannt gegeben« wird.

Ich war nicht krank, ich hatte nur keine Luft!

Günther S

* 14. 11. 1938   † 13. 5. 2014

Nur wer vergessen wird, ist tot.
Du wirst Leben.

Ulla S
Andrea, Jörg und Lukas
B
im Namen aller Angehörigen
und Freunde

Ein etwas überraschendes Verständnis von Krankheit und Tod spricht aus der Anzeige für Günther S. Vor allem in Kombination mit dem Foto stellt sich der Eindruck her: Die Lage war hoffnungslos, aber nicht ernst.

56077 Koblenz
Wir verabschieden uns von ihm am Freitag, dem 23. Mai 2014 um 13.30 Uhr in der Trauerhalle Hauptfriedhof Koblenz, Eingang Hüberlingsweg, mit anschließender Urnenbeisetzung.
Statt freundlich zugedachter Blumen bitten wir um eine Spende für einen späteren Blumengruß.

Ein deutlich anderes Verständnis von Krankheit offenbaren die Angehörigen von Elisabeth H. Ihnen erscheint das Alter als schleichende Krankheit, die uns irgendwann alle dahinrafft.

Sie starb an den Folgen der unheilbaren Krankheit des hohen Alters.

Sie hat sich auf den Weg gemacht.

Elisabeth H
geb. K
* 9. September 1909   † 31. März 2011

Ganz anders äußert sich Marcus M.: Der fühlt sich vom Tod seiner 91-jährigen Mutter völlig überrumpelt. Offenbar war Hannelore Elisabeth M. auch hochbetagt noch bei guter Gesundheit. Umso beunruhigender wirkt sein Hinweis auf »ungeklärte« und »unvorhersehbare Umstände«. Die veranlassen ihn obendrein, die Urnenbeisetzung auf ein »noch unbekanntes Datum« zu verschieben. Man weiß nicht recht, warum. Ob er darauf hofft, dass sich noch herausstellt: Sie ist gar nicht verstorben?

Du hast dich aufgeopfert und hast nur wenig Dank erhalten!
Ich hoffe ich konnte dir meinen Dank zeigen!

Nach noch ungeklärten Umständen starb meine Mutter
überraschend im Alter von 91 Jahren!

Hannelore Elisabeth M

geb. B
* 16. 5. 1930   * 21. 6. 2021

Marcus M
und alle Trauernden

Traueranschrift:
Marcus M
Auf Grund unvorhersehbarer Umstände findet die Urnenbeisetzung an einem noch unbekannten Datum im kleinen Kreis statt!

Auch Hansi D. stand felsenfest im Leben, ehe der liebe Gott eine Tram auf ihn ansetzte. Allerdings haben wir den Eindruck, dass es eher Roswitha ist, die nichts umhaut, wenn sie auf den tödlichen Unfall derart gelassen reagiert.

Wie schön muss es erst im Himmel sein,
wenn er von außen schon so schön aussieht.
Pippi Langstrumpf

Hansi D
* 29. 11. 1938   † 28. 7. 2016

Der liebe Gott dachte sich wohl
„dir muss ich schon eine Tram in voller Fahrt schicken,
sonst haut dich doch eh nichts um .... "

Wir werden Dich sehr vermissen!
Roswitha D

Eine Gedenkanzeige zum 100. Geburtstag: eine Todesanzeige, die zugleich eine Überlebensanzeige ist und den segensreichen Fortschritt in der Herzmedizin dokumentiert.

Zur Erinnerung

Eine Mutter und Ehefrau ging zu früh.

Emma G
geb. P

* 13. 06. 1912   † 19. 02. 1957   13. 06. 2012

Von 13.00 Uhr bis 15.00 Uhr war die Bäckerei zu. Das war die Gelegenheit, sich für das schwache Herz beim Doktor die Spritzen verabreichen zu lassen, wie ca. alle sechs Wochen. Aber diesmal war es anders! Es wurde 15.00 Uhr, aber die Mutter und Geschäftsfrau kam nicht wieder. Das Herz hatte aufgehört zu schlagen. Zwei Jahre zu früh!

Im Januar 1959 ereilte der Tochter der Mutter das gleiche Schicksal, mit 19 Jahren wurde sie am Herzen operiert und lebt bis heute.

Ihre Kinder

Eine zweite Todesanzeige, die vom Überleben handelt: Christian August I. zog sich im Zweiten Weltkrieg eine lebensgefährliche Kopfverletzung zu. Etwa siebzig Jahre später erleidet er nach einem Sturz eine zweite, diesmal tödliche Kopfverletzung.

Christian August I

* 20. Juli 1917   † 3. Februar 2014

Nach einer schweren Kopfverletzung sagte der Militärarzt zu ihm:
„Kamerad, leben Sie schneller, alt werden Sie nicht."

Er starb mit 96 Jahren nach einer schweren Kopfverletzung, die er sich durch einen Sturz selbst zugezogen hat.

Er wird in aller Stille beigesetzt.

Bernd und Kiranka I **Folker I**
Idstein   Nîmes, Frankreich

Husum

Hingerichtet in Texas durch die Giftspritze, nach 18 Jahren in der Todeszelle. Im fernen Deutschland schaltet Karl H. R. für seinen »Adoptivenkel« Pablo eine Todesanzeige. Nicht nur als Zeichen seiner Zuneigung. Mit dieser Anzeige gibt er ihm ein wenig Würde zurück.

There is a land of the living and a land of the dead
and the bridge is love, the only survival,
the only meaning. *Thornton Wilder, The Bridge of San Luis Rey*
Joh. 8;7

Pablo Lucio V█████ P█████
*11. 8. 1977

Pablo was pronounced dead at 6:35 pm CT on April 6, 2016 in the death chamber of the state of Texas at Huntsville

Descanse En Paz

Querido Pablo¡ Que Dios te bendiga y te tenga en Su Gloria!

Nach 18 Jahren Leben mit den quälenden Bedingungen des texanischen Todestraktes wurde mein lieber Adoptiv-Enkel vor meinen Augen in der Todeskammer des Staates Texas in Huntsville durch Giftspitze hingerichtet. Er starb in festem Glauben an göttliche Gnade und Vergebung.

Ich beklage sein Schicksal.

Karl H. R█████

Zur Erinnerung an meinen ermordeten Sohn

Markus L█████

* 23.08.1983 † 15.04.2009

umgekommen in Köppern
durch drei Mörder und
menschlich unberührte
Zuschauer der Tat

In tiefem Schmerz Dein Papa

Erschütternd ist die Anzeige für Markus L. Dabei geht einem die Verzweiflung besonders nahe, weil unter dem Text nicht etwa ein Name genannt wird, sondern der Verstorbene angesprochen wird mit »Dein Papa«.

Felix P▒

Geb. 28. 10. 1977

Am 15. 06. 1998 um 20^{02} Uhr bei voller Gesundheit vom Unisport-Training zurückkehrend, begann aus unbegreiflicher Ursache am Kohlenberg Nr. 23 in Basel, sein Herz zu versagen. Er schwankte, stützte sich kurz ab, richtete sich auf und fiel sterbend zu Boden.

Dank etwa 6 Minuten später begonnener Reanimation und bewundernswertem Einsatz der Intensivpflege des Kantonsspital Basel, konnten wir noch eine Woche bei ihm sein.

Wurde er in aufgehender Blüte seines unbeschwerten und glücklichen Lebens von höherer Macht zu sich gerufen?

Da auch nach siebentägigen, umfassenden Abklärungen keine Ursache für sein plötzliches Herzversagen gefunden wurde, scheint uns das diese Annahme zu bestätigen.

Anna und Feliks P▒
Eva K▒

Auch nach intensiven ärztlichen Bemühungen keine Ursache festzustellen für das plötzliche Herzversagen von Felix P. nach dem Uni-Sport? Da muss eine höhere Macht die Hände im Spiel haben.

Beschließen möchten wir dieses Kapitel mit einer Anzeige vom nordwestlichen Rand unseres Landes, wo man bekanntlich nicht viele Worte macht. Dies aber in einer einzigartigen Mundart, die sich keinesfalls ins Hochdeutsche übersetzen lässt. Friesisch herb benennt Dorathea G. die Todesursache ihres doch recht jung verstorbenen Gemahls.

Ferdinand G▒

* 22. 1. 1964   † 28. 11. 2014

He is ümfallen und weer doot.

Dorathea G▒ geb. L▒
un all Verwandten un Frünnen

26409 Wittrhund,

Wie droopt uns Freedag,
12. Dezember 2014, üm 10.00
bi dat Rasengraftfeld up de Wittmunder Kaarkhoff,
um de Urn van Ferdi bietosetten.

Wiltfang Bestattungen · Wittmund

»Ich habe diese schöne, bucklige Welt verlassen«

Selbstanzeigen

Schon in unseren ersten Büchern haben wir bei den Todesanzeigen einen Trend zum Selbermachen beobachtet. In früheren Zeiten erschien das noch als kuriose Ausnahme. Viele empfanden die wenigen Exemplare, die es gab, als befremdlich oder als geschmacklosen Bruch mit den Konventionen. Das hat sich völlig verändert. Selbstanzeigen sind schon lange nichts Ungewöhnliches mehr. Dabei haben sich unterschiedliche Spielarten herausgebildet.

So gehört die Anzeige von Ingrid J. zu denen, die den eigenen Tod entdramatisieren, ihn fast schon alltagstauglich machen. Tatsächlich verliert der Tod viel von seinem Schrecken, wenn sich die Verstorbene selbst zu Wort meldet und erst mal Neujahrsgrüße bestellt, um dann fast schon beiläufig auf den eigenen Tod hinzuweisen. Der Charakter der Grußbotschaft wird noch unterstrichen durch die Beifügung des Wörtchens »Ihre« vor dem eigenen Namen.

Ich wünsche Ihnen für 2014 alles Liebe und alles Gute. Ich werde leider das Jahr mit Ihnen nicht teilen können, da ich am 8. Januar 2014 verstorben bin.

Ihre
Ingrid J

Gleichfalls aus dem Jenseits grüßt Hilde K. Dabei weiß sie von Dingen zu berichten, die ihr beim Abfassen der Anzeige vermutlich noch bevorstanden. Doch die Botschaft ist klar: Alles in bester Ordnung und an seinem vorgesehenen Platz – in der Urnennische. Ihre Formulierung von der »schönen, buckligen Welt« lässt vermuten, dass Hilde K. dem Leben zugewandt war, ohne den Blick für das Unvollkommene, Mühselige zu verlieren. Ja, vielleicht gehört zur Schönheit der Welt gerade auch ihre Buckligkeit.

Hallo, aufgepasst, zum letzten Mal grüßt

Hilde K

* 10. 3. 1925   † 1. 2. 2013

In aller Stille bin ich ins Jenseits gegangen und habe bereits meine ewige Ruhe in der Urnennische gefunden. Ich habe diese schöne, bucklige Welt verlassen, auf der ich so viel Liebe, Hilfsbereitschaft und Respekt erfahren durfte. Danke allen dafür. Vielleicht denkt mancher gerne an mich oder redet sogar von mir.

Wer mag, der kommt zur Kreuzwegandacht in die St.-Konrad-Kirche in Wasserburg am 16. Februar 2013 um 17 Uhr.

Von einem abwechslungsreichen Leben kündet hingegen die Anzeige von Martin G. Wer sein Leben als Achterbahn beschreibt, hat sicher mehrere rasante Abwärtsfahrten zu bestehen gehabt. Dabei lässt der Tonfall eine etwas knurrige Abgeklärtheit erkennen. Wir vermuten: Da gibt es bestimmt manche, die ihn »ein wenig mochten«.

Auch du, mein Bruder der Tod,
auch du sollst loben den gnädigen Gott,
ruft durch den Tod uns ins himmlische Reich.
Bd. Franziskus

Martin G

* 6. April 1948   † 14. Februar 2014

Mein Leben war eine Achterbahn
und meine Reise ist nun beendet.

Nun ja, ein Mann kann nur einmal sterben und
wir schulden Gott einen Tod.

Und wer in diesem Jahr stirbt, braucht es im
nächsten nicht mehr zu tun.

Gott gebe mir Frieden.

Ein Gruß an alle, die mich ein wenig mochten.

Die Urnenbeisetzung hat bereits stattgefunden.

- Bestattungen Groß, Unna -

Helmut L. wendet sich in seiner Selbstanzeige an die »interessierten Leser«, die man bei Todesanzeigen gewiss voraussetzen darf. Seinem Wunsch, dass ihm die ewige Ruhe »gegönnt« sei, können wir uns nur anschließen. Die Mitteilung, dass die Beisetzung »in aller Stille erfolgt«, legt die Vermutung nahe, dass nicht mit vielen Trauergästen zu rechnen war. Vor diesem Hintergrund bekommt die Anrede »für interessierte Leser« etwas Anrührendes. Könnte es sein, dass die Einzigen, von denen Anteilnahme zu erhoffen war, die interessierten Zeitungsleser sind?

Für interessierte Leser ...
gebe ich zur Kenntnis, dass ich am 6. April 2016 das Reich der Lebenden verlassen habe.
Sei mir die ewige Ruhe gegönnt.

Helmut L

* 11. 03. 1951

Wedringen, im April 2016

Die Beisetzung erfolgt in aller Stille.

Wenn eine Todesanzeige schon mit dem Wörtchen »Ich« beginnt, dürfen wir annehmen, dass der Verfasser nicht gerade unter mangelndem Selbstbewusstsein gelitten hat. Dabei war Hans Joachim Martin R. vielleicht nicht weniger allein als Helmut L. Doch äußert er sich in einem völlig anderen Sound. Der ehemalige Dozent an der Berliner Hochschule für Verwaltung und Rechtspflege verfasst auf seinen eigenen Tod einen Text, der an humorvoller Souveränität schwer zu übertreffen ist.

Ich,

Hans Joachim Martin R,

geboren am 30. Mai 1930
ehemaliger Dozent an der FHVR Berlin

– weder Träger irgendwelcher Verdienstkreuze der Bundesrepublik Deutschland noch anderer erdienter oder verdienter Orden und Ehrenzeichen –

bin am Donnerstag, dem 13. März 2014, gestorben.

Eine Trauerfeier findet nicht statt, da der Tod für mich kein Grund zum Feiern war. Beileidsbekundungen werden nicht erwartet, da ich sie selbst nicht mehr vernehmen kann, leider, denn sie hätten mich doch sehr interessiert.

Attila Laszlo Gyulà H

25. November 1935 in Siklós, Ungarn – 9. März 2020 in Baden

Eben:
«Mann kann unmöglich gegen den Wind pissen.»
(Ungarische Weisheit)
Also doch: Es tut mir arg leid mitteilen zu müssen, dass ich Attila H 1935 in Ungarn geborener Papierlischweizer und wohl allerletzter sozialistischer-realistischer Maler, soeben gestorben bin…

Vermessen — wie ich mitunter auch mal war — dachte ich zuweilen, dass ich unsterblich wäre: Eine Ausnahme müsste es ja endlich geben! Aber es war wieder einmal nix! Ja nu…

Nun wünsche ich Euch allen ein wunderschönes Leben — ich habe es gehabt! — Und ich empfehle dringendst, nie aufgeben. Vielleicht wird einer doch mal unsterblich…

Der Paradiesvogel ist uns entflohen…

Helen H -D
Helena H und Lukas, Narain und Sundar R
Andrea und Milana H und Beat Z
Erzsebet H mit Attila und Gabor
Freundinnen und Freunde, Verwandte und Bekannte
und all jene, die ihn liebten

Wegen des Coronavirus müssen wir die Abschiedsfeier für Attila leider auf den Frühsommer verschieben. Der Zeitpunkt wird publiziert werden. Die Bestattung findet im engsten Familien- und Freundeskreis statt.

Traueradresse: Helen H , Limmatpromenade 28, 5400 Baden
Eine allfällige Spende an *Hope Baden* wäre im Sinne von Attila, PC 50-18771-9

An Selbstbewusstsein und Selbstironie fehlt es auch dem »Paradiesvogel« Attila Laszlo Gyulà H. nicht. Wie der ungarische »Papierlischweizer« und »wohl allerletzter sozialistischer-realistischer Maler« sein Ableben mitteilt und uns Lebenden Mut zuspricht, das nimmt einen doch sehr für diesen Mann ein. Für beide Anzeigen gilt: In so einer Gemütsverfassung wäre man auch gerne beim Übertritt ins Jenseits.

Mein letztes Skirennen:
König-Ludwig-Lauf, Oberammergau,
Sonntag, den 01.02.2015

Klaus-Dieter G

geb. 02.08.1938   verst. 05.02.2015

Ich bin angekommen, in den Bergen
geblieben.
Mein Traum ist in Erfüllung gegangen.
In den Bergen wachsen in dieser
Jahreszeit keine Blumen.
Eis und Schnee halten die Erde geschützt.
Die, die Ihr zu meiner Beisetzung
kommen wollt, bringt bitte keine Sträuße
und Kränze mit.
Eine kleine Blume zum Trost vielleicht.
Hat schon jemand ein
Schneeglöckchen entdeckt?
Dann nehmt es einfach mit und
kommt am Sonnabend,
dem 14. Februar 2015, um 13.00 Uhr
auf den Friedhof Neuenhagen
bei Bad Freienwalde.

Klaus-Dieter G. zeigt sich hingegen sportlich in unerwartet guter Form. Gerade noch beim Skirennen in Oberammergau gewesen. Vier Tage später bereits verstorben, was ihn in der Höhenluft mit noch größerer Genugtuung zu erfüllen scheint. Ist damit doch sein Traum in Erfüllung gegangen, wie er uns mitteilt. Er darf in den Bergen bleiben. Bestattet wird er allerdings im märkischen Bad Freienwalde. Und das liegt 10 Meter über dem Meeresspiegel.

> „Wer mich sucht,
> findet mich in den Feldern, Wäldern und Auen des Südwestens".

Wolfgang „Wolf" B
Messerschmiedemeister
26. 5. 1946 – 27. 7. 2014

„Ein paar noch geländegängige Beine,
ein aufrechtes Rückgrat,
zwei geschickte Hände,
ein Kopf mit multilingualem, musikalischem Gehirn,
zwei gute Augenlichter,
generalüberholte Zähne,
müssen auf höchste Anordnung hin abgewrackt werden.
Wer Lust und Zeit hat mag vorbeikommen, nur, von den noch
brauchbaren Ersatzteilen kann keines abgegeben werden.
Bringt bitte Euren Humor mit und erheitert die Hinterbliebenen
mit lustigen Geschichten aus meinem Leben, auf dass sie bald
wieder Lebenslust erfahren mögen.   (Wolf B   )

Wir verabschieden uns von ihm mit einer Trauerfeier
in der Trauerhalle auf dem Friedhof in Neudorf am
1. August 2014   um 15 Uhr.

Geografisch in anderen Regionen unterwegs, doch ähnlich naturverbunden äußert sich Wolfgang »Wolf« B. in der Titelzeile seiner Anzeige. Und dann macht er gewissermaßen Inventur – vor der eigenen »Abwrackung«, wie er es nennt. Dabei zeigt sich: In wesentlichen Teilen ist »Wolf« noch recht gut in Schuss. Geistig ohnehin. Und auch seinen Humor hat er nicht verloren.

Bei Karl M. gestaltete sich hingegen das Schlusskapitel seines Lebens weniger erfreulich. Wie er uns kurz und bündig, dabei auf den Tag genau mitteilt.

Karl M

* 18. Mai 1939   † 27. Mai 2017

Mein Leben war schön, bis zum 5. Juli 2010.

> *Alles Vergängliche*
> *Ist nur ein Gleichnis*
> *(Goethe, Faust II, 1204-1205)*

Zur Freude meiner Missgönner und anderer,
denen ich im Wege war, teile ich posthum mit, dass ich,

Rainer S

geboren am 23. März 1927
am 8. August 2021 Augen, Ohren und Mund
für immer geschlossen habe.

Allen, die mir nahegestanden, mit denen ich so oft Frohsinn und herzhaftes Lachen teilte, und die mir in schweren Stunden teilnehmend halfen, bin ich von Herzen dankbar verbunden.

Rainer S. hatte im Leben offenbar nicht nur Freunde. So hat er es zumindest empfunden. Denn dass er seinen eigenen Tod mit gespenstischem Sarkasmus »zur Freude seiner Missgönner« mitteilt, lässt vermuten: Er fühlte sich von einigen Mitmenschen tief gekränkt.

Nicht immer muss eine Selbstanzeige von jemandem stammen, der verstorben ist. Wie das Beispiel von Jürgen H. zeigt, der vermutlich ebenfalls unter etlichen »Missgönnern« zu leiden hat.

An alle Bürger aus Gescher:
Bitte unterlassen Sie die Gerüchte über mich, dass ich verstorben sei. Es ist mein Bruder Andreas, der verstorben ist.
Jürgen H

Karin K. spendet hingegen ebenso selbstbewusst wie selbstironisch Trost für die Hinterbliebenen. Dass dies nicht ganz rechtschreibsicher geschieht – geschenkt. Der Spruch ist so einprägsam, dass er bestimmt von ähnlich gestrickten Kandidatinnen und Kandidaten aufgegriffen werden wird.

Jammert nicht, seid froh das Ihr mich ertragen durftet.

Karin K̄̄̄̄̄̄̄̄̄̄ geb. B̄̄̄̄̄̄̄̄̄̄

* 17. Juli 1955 † 14. Mai 2013

Einige Selbstanzeigen lassen vermuten, dass gar nicht der Verstorbene selbst, sondern ein wohlmeinender Angehöriger den Text stellvertretend formuliert hat. Dies gilt in besonderem Maße für Anzeigen, die von Haustieren verfasst wurden. Wie das Beispiel von Terrier Sam zeigt, der durch das Trachten von »Tierhassern« einen »tragischen Tod« erleiden musste. Trost spendet allenfalls die Zusicherung, Sam werde »in Gedanken« immer bei uns sein. Doch bricht es förmlich aus Frauchen und Herrchen heraus: Es ist der kleine Sam, der ihnen fehlt.

Ich, Sam, möchte mich bei meiner lieben Familie, besonders bei Herrchen und Frauchen, für die unendlich traumhafte und schönste Zeit meines kurzen Lebens bedanken.

Durch meinen tragischen Tod (Tierhasser) wurde ich aus dem Leben und aus eurem Herzen gerissen. In Gedanken werde ich immer bei euch sein.

In Liebe, euer Sam.

Sam, du fehlst uns !!!

Gimmigen, im Mai 2015

Besondere Beglaubigung erfahren Erklärungen aller Art durch die eigenhändige Unterschrift. In Todesanzeigen ist diese Form der Legitimierung sehr ungewöhnlich. Und doch kommt sie vor, wie das Beispiel von Gertrud Sch. zeigt, die ihren letzten Gruß akkurat unterzeichnet.

Die Unterzeichnete verabschiedet sich hiermit für immer und wünscht den Freunden und Verwandten alles Gute.

Gertrud Sch███

* 2. Februar 1933   † 16. Juli 2017

Gottes Zeit ist die allerbeste Zeit.

Die Trauerfeier findet am Mittwoch, den 6. September um 11.30 Uhr in der Kapelle des Riensberger Friedhofes statt, im Anschluss erfolgt die Beisetzung der Urne.

Eigenhändig geschriebene Todesanzeige Rudolf S███ geb. 12.10.1939 verst. 13.10.2012 verabschiedet sich von dieser Welt Ich danke allen, die positiv meinen Lebensweg begleitet haben

Noch einen entscheidenden Schritt weiter geht Rudolf S. Um zu dokumentieren, dass die gewählten Worte tatsächlich von ihm selbst stammen, greift er zu einem Mittel, das man sonst nur vom Testament her kennt. Da muss jede Zeile mit der Hand geschrieben werden. Sonst ist es ungültig. Und so bleiben wenig Zweifel an seinen Worten, zumal sie so ungewöhnlich gar nicht sind. Man fragt sich nur: Wie hat er es geschafft, das eigene Sterbedatum kurz vor dem Übertritt noch einzutragen?

Viele Selbstanzeigen werden von dem Wunsch getrieben, am Ende noch einmal für Klarheit zu sorgen. Monika H. hat da entschieden andere Absichten und möchte vielleicht gerade auf diese Weise im Gespräch bleiben.

Ein ewig Rätsel will ich bleiben mir und anderen.

Monika H

* 29. April 1952   † 6. Januar 2015

Hallo Ihr lieben Pfleger vom ASB-Seniorenheim, Elisabeth-Großwendt-Straße 6, Karlsruhe.

Ich möchte mich bei Euch allen recht herzlich für die liebevolle Pflege, fürs Zuhören und für all die Extras bedanken, auch wenn mein Klingeln manches Mal für den ein oder anderen auch nervig war. Ihr wart top!!! Besonders lieben Dank und ein extra Küssle für Monika, Ronald, Siggi, Diana, Magdalena und Nicoletta und all die, die mich lieb hatten. Macht's gut!

Eure Charlotte W
Zimmer 15
hinten links

Den Schlusspunkt in diesem Kapitel setzt eine Anzeige aus einem Karlsruher Pflegeheim. Charlotte W. aus Zimmer 15 verabschiedet sich warmherzig mit Dank und »Extraküssle« beim Pflegepersonal. Von Leid, Schmerz und Trauer keine Rede. Und das ist typisch für viele Selbstanzeigen: Man möchte versöhnlich mit dem Leben abschließen.

»Alles ist schwierig, bevor es leicht wird«

Anzeigen mit besonderem Motto

Mein Engelchen,
von allen Seiten umgibst du uns
und hältst deine Hände über uns.

Marion P

† 1. September 2014

Unvergessen – immer geliebt!

Dein Bengelchen
Die Kinder
und alle, die dich lieb haben

Fester Bestandteil vieler Todesanzeige ist das Motto, das üblicherweise dem Namen und den Lebens- und Sterbedaten vorausgeht. Hier finden sich Sinnsprüche, Zitate oder auch goldene Worte des Verstorbenen selbst, die ihn charakterisieren. Die früher allgemein üblichen Bibelverse befinden sich hingegen auf dem Rückzug. Und wenn sie einem doch noch begegnen, dann werden sie auch schon mal verfremdet und für eigene Zwecke genutzt. So übernimmt »Bengelchen« mit atemberaubender Unbekümmertheit die nicht ganz unbekannten Worte aus Psalm 139, Vers 5, die gerne auch als Tauf- oder Konfirmationsspruch gewählt werden. Dort gelten die Worte allerdings keinem innig geliebten »Engelchen«, sondern Gott.

In den Anzeigen begegnen uns immer wieder dieselben Zitate, trostspendenden Einsichten und bewährten Weisheiten aus dem Musterkoffer des freundlichen Bestattungsunternehmens. Umso angenehmer sind wir überrascht, wenn wir auf ein slawisches Sprichwort stoßen, das wir bisher noch nicht kannten. Es hat ganz gewiss das Zeug, künftig in den Musterkoffer der Bestatter aufgenommen zu werden.

„Es sind die Lebenden, die den Toten die Augen schließen.
Es sind die Toten, die den Lebenden die Augen öffnen."
(Slawisches Sprichwort)

Georg-Otto N

* 6. Januar 1922 † 11. November 2013

**Traurig, voller Liebe und vieler Erinnerungen
nehmen wir Abschied von meinem Ehemann,
unserem Vater, Schwiegervater, unserem Opa und Uropa**

Inge
Thomas und Dagmar, Dagmar und Fred
Angelika und Peer, Melanie und Volker
Jana und Dennis, Lisa und Hanna, Annika und Natalie
Mina Lara und Jaron

Gleiches gilt auch für die Worte des persischen Dichters und Mystikers Saadi, mit denen Dr. Hassan R. verabschiedet wird.

Alles ist schwierig, bevor es leicht wird.
Saadi

Dr. Hassan R

Internist
26. März 1925 – 31. März 2015

In Liebe und Dankbarkeit haben wir
m engsten Familien- und Freundeskreis
Abschied genommen

Familie R
Familie S

A bisserl was geht immer

Herbert F

* 12. Januar 1931 † 4. Januar 2013

In Liebe:
Inge F mit Familie

Die Urnenbestattung fand im engsten Familienkreis statt.

Eher federleicht als bedeutungsschwer erscheint der Leitspruch des Münchner Fernsehkommissars und Lebemanns Monaco-Franze. Wenn diese Worte als Motto für die Todesanzeige gewählt werden, dann ist zu vermuten: Auch Herbert F. hat in seinem Leben so manches Schlupfloch zu nutzen gewusst.

Der Entertainer Hape Kerkeling landete mit seinem Buch »Ich bin dann mal weg« über seine Pilgerreise auf dem Jakobsweg einen Bestseller. Der Buchtitel wurde verschiedentlich in Todesanzeigen als Motto aufgegriffen. Michael J. formuliert eine naheliegende Variante.

Schlimmer als die Angst
ist nur die Angst vor der Angst

„Ich bin dann mal tot"

Ein Leben mit Liebe und Freunden - mal mehr, mal weniger - gute und sehr gute. Den großen Lieben, den wahren Freunden werde ich ewig dankbar sein.

Michael J

*12. Juli 1943 – †13. Juni 2015.

Wir sind sehr traurig.
Barbara, Andreas, Stefan M
Bertil G
Karen, Benjamin, Christian G

Wenn dich dein Leben nervt,
streu Glitzer drauf

Unerwartet verstarb am 26. August 2015

Frau Ursula R

geb. D

Die Beisetzung findet im engsten Familienkreis statt.

Auch Bücher für Teenager können ein passables Motto abgeben. Im Roman von Mara Andeck geht es zwar um Sommerferien, Weglaufen von zu Hause und süße Jungs – aber hier kommt es wohl eher auf den Glitzereffekt an.

„Das Schicksal ist ein mieser Verräter."

Andrea Maria S

* 6. November 1955   † 10. November 2013

Wir haben einen lieben Menschen verloren
Martina Maria S
Thomas, Gabi und Jonas S
Nikolaus Peter S
Sascha S

Auf Wunsch der Verstorbenen wird der Abschied im engsten Familienkreis gestaltet.
Unser besonderer Dank gilt Herrn Dr. med. Avdiu.
Traueradresse: Thomas und Gabi Sproß, Lebrechtstr. 124, 64846 Groß-Zimmern

Wir bleiben beim Jugendbuch: »Das Schicksal ist ein mieser Verräter« von John Green ist ein berührender Roman über die Beziehung zweier todkranker Teenager. Ein heiß geliebter Bestseller, der auch als Film sehr erfolgreich war. Doch als Motto für eine Todesanzeige klingt das eher nach einer bitteren Bilanz.

Aber es gibt sie natürlich noch: die Klassiker. Schillers Trauergesang »Nänie« hebt an mit den Worten: »Auch das Schöne muss sterben!« Und er endet mit den Worten, welche die Anzeige von Dr. Reimer R. zieren und die keinen Zweifel daran lassen: Zu den »Gemeinen« ist der Senatsdirektor a. D. gewiss nicht zu zählen.

---

*Auch ein Klaglied zu sein
im Mund der Geliebten,
ist herrlich, denn das Gemeine
geht klanglos zum Orkus hinab.*
(Schiller, Nänie)

Dr. Reimer R
Senatsdirektor a.D.

* 12. November 1936 † 23. Februar 2015

Ein außergewöhnlicher, geliebter Mensch ist gegangen. Für immer.
Sein Abschied im Kreise seiner Lieben war sanft und leicht,
trotz schwerer Krankheit.

Wenn wir schon bei Schiller sind, dann darf auch Goethe nicht fehlen. Das Zitat stammt aus Faust II. Die Worte fallen vor der Grablegung des Titelhelden und werden ausgesprochen vom Teufel Mephistopheles, der anschließend den ewigen Kreislauf des Lebens beschwört: »›Da ist's vorbei!‹ Was ist daran zu lesen? Es ist so gut als wär' es nicht gewesen. Und treibt sich doch im Kreis, als wenn es wäre. Ich liebte mir dafür das ewig Leere.«

---

*Vorbei ...
Ein dummes Wort!*
Goethe

Wolfgang E
* 11. 10. 1928 † 7. 11. 2013

Mitten in seinem vielseitig aktiven Leben wurde
mein lieber Gefährte, mein Vater und unser Freund
von schwerer Krankheit getroffen und nach kurzem Leiden erlöst.

„in Spanien waren es 1003"

Franz Allers

Es trauern um ihn:
Maximiliane A
Katrin und **Richard M**

Auch die Anzeige für den Dirigenten Franz Allers erschließt sich nur der kundigen Leserin. Das Zitat entstammt der »Registerarie« aus Mozarts »Don Giovanni«. Diener Leporello führt Buch über die Liebschaften seines Herrn, des Meisterverführers Don Giovanni aka Don Juan. In der Arie breitet Leporello dessen in jeder Hinsicht grenzüberschreitende Bilanz genüsslich aus und schließt mit dem Hinweis auf die spanischen Zahlen. Ob das Motto an so manches Dirigat von Mozarts Meisterwerk erinnern oder ein dezenter Hinweis darauf sein soll, dass der Maestro als Herzensbrecher ebenfalls mit einem beeindruckenden »track record« aufwarten konnte – wir wissen es nicht.

Franz Allers war auch in Bayreuth tätig, ehe er von den Nazis vertrieben wurde. Und so hätte das Motto für Sigrid S. vielleicht auch zu ihm gepasst.

Dies alles – hab' ich nun geträumt?
Richard Wagner, Parsifal

Sigrid S

* 1. März 1930   13. März 2017

Woran wir uns erinnern:
an eine Frau
die ihre Familie liebte
die das Wesentliche liebte
die Gesellschaft und Humor liebte
die Musik liebte (Wagner vor allem)
die nie wieder Krieg wollte
die sich wunderte, dass das Leben so kurz ist

Ein weißer Schwan ging vom Kahn.

Wilhelm E

* 18. 6. 1927   † 17. 3. 2014

Letzter Gruß
von den Gästen und Freunden
der Gaststätte Pfälzer Hof in Eisenberg

Die Urnenbeisetzung findet am Donnerstag, dem 3. April 2014,
um 14.00 Uhr auf dem Friedhof in Carlsberg statt.

Der weiße Schwan passt symbolisch sehr gut in Wagners Welten. Auch ist er ein beliebter Namensgeber für mehr oder minder gehobene Gastronomie. Dass der Gastwirt selbst jedoch so bezeichnet wird, ist die Ausnahme. Dabei steht der weiße Schwan für Reinheit und ewige Treue. Und das mag dann doch wieder passen. Bleibt nur die Frage: Warum geht der sterbende Schwan über Bord? Wir nehmen an, es verhält sich wie in dem Gedicht von Christian Morgenstern: »Das raffinierte Tier tat's um des Reimes willen.«

Hajo Antpöhler

10.11.1930 – 15.10.2011

Unser Lehm
ist
der KUnZ
geweint

Künstler, Kunstsammler, Kurator und Freund

Wir verabschieden uns

Am Ende des Lehms verblassen auch die Unterschiede zwischen Kunz und Kunst. In der Anzeige für den Bremer Künstler und Kunstsammler Hajo Antpöhler stammt das Motto von ihm selbst – und auch die Gestaltung. Mehr als tausend Grafiken, Gemälde und Plastiken hat das Ehepaar Antpöhler der Bremer Kunsthalle geschenkt. Der Titel der Ausstellung? Genau.

„Am Anfang war die Mittellinie…"

Dieter H

* 1. 6. 1930   † 31. 1. 2011

Wir nehmen Abschied von unserem lieben Dieter.

Zugegeben: Hier haben wir lange herumgerätselt, was es mit der ominösen Mittellinie auf sich hat. Unser Anfangsverdacht — Fußball — hat sich nicht bestätigt. Es handelt sich um einen Grundsatz der Konstruktionsmethodik. Ein Problem wird in Teilprobleme zerlegt. Die sind weniger komplex und lassen sich daher besser lösen. Abschließend werden die Teillösungen verknüpft, um das Gesamtproblem zu bewältigen. Und dazu braucht man ganz am Anfang die »Mittellinie«, die das Problem schon mal in zwei ähnlich große Hälften teilt. Anders gesagt, der »liebe Dieter« war vermutlich mit der Konstruktion von technischen Gerätschaften befasst.

Ein linkes Herz hat aufgehört zu schlagen.

Minni G

14. 9. 1925 – 2. 2. 2014

Manfred und Christiane G
Florian und Jakob G   mit Familien

Bekanntlich befindet sich das Herz ein wenig links von der Mitte hinter dem Brustbein. Dieser anatomische Sachverhalt wird gerne symbolisch gedeutet, zumindest von denen, die sich im politischen Spektrum ähnlich verorten.

Auch das ermunternde Motto für Karsten P. bedient sich körperlicher Metaphorik. Dabei lässt der dreckige Hals vermuten, dass der Verstorbene tief in Schwierigkeiten gesteckt hat.

> Kopf hoch,
> auch wenn der Hals dreckig ist.

Karsten P

* 5. Februar 1944 † 7. Dezember 2018

Im Namen aller Angehörigen:

Deine Dich liebende Ehefrau Uta

Keine Sentimentalitäten. Uwe R. offenbart in seinem Motto ein sehr pragmatisches Verhältnis zum eigenen Tod.

Wat mutt, dat mutt

Uwe R

* 13. Februar 1939 † 05. Februar 2020

Traurig haben wir Abschied genommen.

**Susanne und Gregor mit Nell-Katlen und Maj-Rieke
Jörg und Tina mit Lisa und Ben
Helgard und Jens-Peter**

Bei Anton P. wirkt derselbe Gedanke hingegen eher bedrohlich.

Einmal ist man dran

APOMA

Anton P...

* 16. März 1933 † 10. März 2013

Die Beisetzung fand auf Wunsch des Verstorbenen
in aller Stille statt.

„Alles kein Problem"

Tschüss Kalle
* 20. Mai 1953 † 06. August 2014

Das Motto von »Kalle« stammt gewiss von ihm selbst. Wahrscheinlich war der Satz eine Art Markenzeichen, eine stehende Redewendung, die ein optimistischer und hilfsbereiter Mensch häufig im Munde führte. Und doch wirken diese Worte ein wenig missverständlich, wenn sie ohne weiteren Kommentar in der eigenen Todesanzeige wie eine Überschrift erscheinen.

Wenn man die Geburt überlebt,
wird einen der Tod auch nicht umbringen.

Thomas H

* 1. 5. 1956   † 15. 10. 2014

Unsere Liebe nimmst Du mit,
Deine tragen wir in unseren Herzen.

Tobias, Jessika und Christa
Rosi und René
Familie H   und Freunde

Die Trauerfeier ist am Freitag, dem 24. Oktober 2014,
um 12.30 Uhr in der Kapelle des städt. Friedhofes
in Essen-Freisenbruch, Hellweg 95.
Anschließend erfolgt die Urnenbeisetzung.

Rundum sorglos ist auch das Motto unserer letzten Anzeige, bei der Geburt und Tod in einem etwas undurchsichtigen Zusammenhang stehen. Denn wir fragen uns: Wenn einen nicht mal der Tod umbringen kann, was dann?

16

»Wenn wir Kohlrouladen riechen, denken wir an Herbert«

Anzeigen von Freunden

In den Anzeigen, die von Freunden geschaltet werden, geht es häufig nicht ganz so ernst zu. Sie sind spielerischer und schlagen einen vergleichsweise lockeren Ton an. So kommt es regelmäßig vor, dass nur die Vornamen genannt werden, vom Verstorbenen und von den trauernden Freunden. Mit alldem sind sie Trendsetter für Traueranzeigen anderer Art. Wie in den betreffenden Kapiteln nachzulesen ist, geben sich auch Familienangehörige oder Firmen, die eine Anzeige schalten, mitunter recht entspannt. Das bedeutet keineswegs, dass hier nicht tief getrauert wird. Ganz im Gegenteil. Aber die Trauer wird anders mitgeteilt. Persönlicher, weniger förmlich.

In unserer ersten Anzeige wird der alte Filmschlager »Ein Freund, ein guter Freund« zitiert. Aber weil das Lied nun wirklich jeder kennt, beschränken sich die Freunde von Claudius P. auf die Schlussworte des Refrains: »Ein Freund, ein guter Freund, das ist das Beste, was es ...«

...gibt auf der Welt!

Traurig nehmen wir Abschied von unserem Freund,
Genius und Gefährten

Claudius P

Ein anderes, in Todesanzeigen gern zitiertes Lied stammt von der Sängerin Alexandra. Es heißt »Mein Freund der Baum ist tot«. Im Kapitel »Meiky ging über die Regenbogenbrücke« findet sich ein weiteres Exemplar.

Mein Freund der Kurt ist tot.
Im Namen derer, die sich verbunden fühlen. Für: Kurt E██████ (†18.01.2015).

Die letzte SMS an Heinz Herbert B██████!

26 Jahre waren Anton und Jünter täglich zusammen.
Ich habe keine Ahnung warum du so früh gehen mußtest.
Wahrscheinlich brauchte Schreiner Jupp am 07.05.2011
einen Handwerker.

Warum du?
Weil du nie "Nein" sagen konntest!

Ey Anton, hier unten gibt es noch genug Arbeit!
Wenn du Lust hast, ruf mich an.
Ich komm dich holen!

Dein Kollege und Freund

Jünter
(Jürgen E██████)

Außenstehende brauchen einen Moment, um die Verhältnisse zu durchblicken: Anton und Jünter, der mit bürgerlichem Namen nicht Günter, sondern Jürgen E. heißt, waren Arbeitskollegen und Freunde. Anton, der mit bürgerlichem Namen Heinz Herbert B. heißt und nicht Nein sagen konnte, ist gestorben. Aber was hat es mit dem »Schreiner Jupp« auf sich? Und warum verschickt »Jünter« seine Nachricht als SMS an den verstorbenen Freund? Um den Text dann in seine Todesanzeige aufzunehmen?

Je älter man wird, desto mehr braucht man eine
„Weißt-du-noch-Freundin"

Ich hatte dieses Privileg seit unserer gemeinsamen Schulzeit.
Freundinnen, das waren wir, mit allen Eigenschaften, die je
darüber geschrieben wurden.
Man sollte im Leben wenigstens eine „beste Freundin" haben
und das warst und bleibst Du

- meine Freundin Helga -

Es ist so unfassbar, dass wir uns nicht mehr zum
Abschied drücken konnten.
Du fehlst ...

**Deine Freundin Brigitte
und ihre Familie**

Brigitte findet für ihre Freundin Helga eine sehr treffende Bezeichnung, die bestimmt manche Leserin und mancher Leser übernimmt.

Typisch
Du viel zu früh,
ich zu spät

Britta

Unendlich traurig
Deine Freundin Hanna

Vielleicht waren Hanna und Britta auch zwei »Weißt-du-noch-Freundinnen«. Dass Hanna »zu spät« war, erlaubt unterschiedliche Deutungen. Vielleicht hat Hanna ihr am Ende nicht mehr beistehen können.

Lieber Alex

Was soll man noch sagen, was Du nicht schon wusstest?

Ein Zurückschalten beim Leben auf der Überholspur lag ja nicht in Deiner Natur. Die Balance zwischen der heiß geliebten Familie, den Freunden, dem Team und dem Job hast Du mit einer gewissen Omnipräsenz auszugleichen versucht. Du suchtest oftmals die Wahrheit zwischen den Enden einer Bratwurst, warst der Meinung, der Ball sei rund, auch bei den Wesergrünen. Dachtest, schwarze Brause ist ein Elixier, das Handy ein Körperteil und die Daumen sind zum Simsen da. Warst am und Im-Puls und wir gemeinsam in Feierlaune.

Deine Perspektive wird uns fehlen.

Dein Spirit bleibt.

Kerstin, Claudia, Sarah, Inge, Karl-Christian, Micha, Martin, Hendrik, Flo

Alexander Q † 14.10.2016

Bei Alex Q. ist nicht ganz klar, ob es sich bei Kerstin, Claudia und den anderen um Freunde, Arbeitskollegen oder um beides zugleich handelt. Die Grenzen zwischen »Work« und »Life« scheinen ohnehin durchlässig gewesen zu sein bei jemandem, der die vielfältigen Anforderungen des Lebens durch »eine gewisse Omnipräsenz« auszugleichen versucht.

Einer fehlt unter den Freunden. Und nur sein Gesicht ist unverpixelt.

Oliver (Olly) W

29.05.1970 – 09.05.2013

…weil WIR unsterblich sind…

**Schrottsocke & MC & Tayfun, Andrea,
Kea (sein Schatz) & Mr. Hagen, Steffi & Jens & Marv,
Süßen & Lou & Jenny, Schorsch, Onkel Murat & Familie,
Angela & Desmond, Maria & Familie, Andrea & Mike,
Lupo & Gogo, Mirko & Djordje, Barnaby, Selle, Inga,
Can & Familie, Vera, Ellen, Deniz, Cem, Kathrin & Martin,
Ulli, Sabrina & Jan, Betty, Ralli & Icke, Uwe, Susi, Ruth**
und der Rest der Bande…

Wenn Du Olly als Freund hattest, hattest Du Olly als Freund!

Eine stattliche Anzahl von Freunden und »Bandenmitgliedern« verabschiedet sich von Olly W., eine bunt gemischte Gesellschaft mit geradezu hitverdächtigen Namen wie »Schrottsocke«, »Süßen & Lou & Jenny«, »Ralli & Icke« – ganz im Sinne des eingängigen Mottos: »Wenn Du Olly als Freund hattest, hattest Du Olly als Freund!«

„ich fahr schon mal vor und scheck die Lokäschen"

Kurt O

* 12. März 1943
† 14. Mai 2019

Du fehlst uns.
Hasta luego amigo.
Deine Freunde

Abschied am Freitag, den 24. Mai 2019,
um 15.00 Uhr, bei AETAS, Baldurstraße 39, München.

Mit dem Fahrrad vorausfahren und schon mal überprüfen, ob das anvisierte Lokal etwas taugt. Freunde und »Lokäschenschecker« wie Kurt O bleiben in guter Erinnerung.

Herzzerreißend, wenn die Freunde ein Leben beschwören, das nicht gelebt werden konnte. Alex ist in einem Alter gestorben, in dem sein Lebenswunsch hätte beginnen können.

Alex
* 2. 10. 1982   † 11. 10. 2013

Du wärst ganz sicher der beste Papa der Welt geworden.

Danke für die schöne Zeit mit dir.

Ingrid, Uwe, Kai, Anna, Simon

Mrz 1966 – Sep 2015 ... **Ralf S**

Ërnst

Du warst König des Lachens ... Du warst Angler, Drummer, Mittelstürmer ... Du warst Fortuna, DEG und Düsseldorfer Jung ... Du warst Werners Musikladen, Pille, Rocking Eagles ... Du warst Weißer Bär ... Du warst König der Luftgitarre ... Du warst Queen! ... Du warst NoName '88 ... Du warst Kalifornien und Du warst Sölden ... Du warst Witzeerzähler ... Du warst Ilvericher ... Du warst einfach genial ... **Du warst unser Freund!**

König des Lachens und König der Luftgitarre – solche Freunde sind schon was. Angler, Drummer, Mittelstürmer. Eine schöne Würdigung für den Ërnst.

RIP Ërnst - wir werden dich nie vergessen!
Bö, Hille, Körpsen, Schulz, Spörl, Steffi, Tucky

Gute Reise

Peps

Danke für anregende, bildungspralle und oft auch witzige Gespräche
über Politik, Poesie, Privates und vieles mehr
und etwa 12.000 spannende, ärgerliche und grandiose GO-Partien
während der letzten mehr als 40 Jahre

Bison

Eine kultivierte Männerfreundschaft mit ungewöhnlichen Spitznamen: »Bison« nimmt Abschied vom geschätzten Gespräch – und von Go-Partner »Peps«.

Hans G

*6.11.1949 †25.10.2013
(3. Detektiv Fido)

Wir trauern und vermissen dich sehr.

Du warst immer einer von uns,
hast es aber rechtzeitig auf die andere,
die gute Seite geschafft.

Mögest du endlich und in Frieden ruhen.

Deine Freunde
Horst, Morten & Fritz
aus der JVA Butzbach, Weiterstadt & Preungesheim

Aus drei unterschiedlichen Gefängnissen grüßen die Freunde von Hans G., dem »dritten Detektiv Fido«, was immer das bedeuten mag. Dass er es »auf die andere, die gute Seite« geschafft hat, findet ihre Anerkennung

Der Tod als Rettungsweg für Zeljko, der eher Opfer als Täter gewesen zu sein scheint. Und das, obwohl er einen »Rambo« zum Freund hatte.

Zeljko

Die Tür, durch die Du nun gegangen bist,
können SIE nie mehr eintreten...
um Dich zu bestehlen!

**R.I.P.
Dein Freund Rambo**

Ohne Dich

Zwei Worte so leicht zu sagen und doch so endlos zu ertragen.

Es ist so schmerzlich einen geliebten Freund viel zu früh zu verlieren.

Mario G

„Kackarsch"

* 21. 4. 1961   † 11. 9. 2016

Du wirst uns allen unendlich fehlen und hinterlässt eine schmerzhafte Lücke.

**Michael & Ta, Matthias & Kerstin, Michael & Kathrin,
Gittchen & Manni, Rainer & Heike, Uwe & Tanja,
Werner & Helmut, Jörg & Sandra, Horst & Beate**

Bei Mario G. verblüfft vor allem sein Spitzname. Dabei war er unter seinen Freunden bestimmt sehr beliebt. Einzig irritiert, dass die alle paarweise auftreten und keine Person für Mario übrig bleibt. Als Single unter lauter Paaren bekommt sein Spitzname dann doch wieder einen anderen Beigeschmack.

Eberhard M. wird von seinen Freunden mit einer mathematischen Formel verabschiedet. Doch zeigt ein Blick auf den Feuerbacher Freundeskreis, dass hier womöglich ein ähnliches Problem vorliegt wie bei Mario G. und die Formel vielleicht nur die mathematische Beschreibung des »Kackarsch-Theorems« darstellt.

UNSER FREUND!

$$\frac{(n-1)}{2} \times n$$

Eberhard M

Dein Feuerbacher Freundeskreis

Elke und Mario - Eri und Nino
Ute und Paul - Colette und Thomas
Geli und Mario - Sabine und Michael

Herbert L.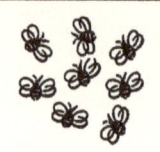

Wir verlieren einen Bruder
einen Freund
einen Imkerkollegen
einen echten Kumpel

Heinz & Elsa

„Wenn wir Kohlrouladen riechen, denken wir an Herbert"

Frauke & Antje

Für die einen bleibt Herbert L. als Hüter der Bienen, für die anderen als König der Kohlrouladen in Erinnerung.

---

julio hablando. philosoph. katzenschreck. westberlin. polyglott. elendiger. reisender. **juli.** nescafé-trinker. rubbellose. skigott. barolobraten. absoften. deserteur. feurio. pivolo. subversion. the piano has been drinking. gauloises blau. routinekünstler. apnoetaucher. zosche. voyeur. reiseführer. lungenbrötchen. misanthrop. alte zeiten. sonnenanbeter. liberty. heather nova. bank am see. bernsteinzimmer. break on through. fernweh. kapitän. sarkast. auf'n walk. **12.03.1976 / 19.02.2021.** mimizan plage. halbgott in weiß. rio caura. liegewiese. hoffnungslosigkeit. döner nur mit fleisch. dachboden. silly walks. unter null. selektiv hilfsbereit. schabernack. roter golf. shell-tanke. unruhestifter. petradi. aldous huxley. delirium. langstreckenläufer. langer abschied. existentialist. poet. club a18. schalk. schlachtensee. interrail. dickel. stumpfkampf. abgesondert. belize. rehwiese. menschheitsdämmerung. ausweglos. kippchen. verfatz dich. vive la france. cabañas don armando. american psycho. schadenfreude. oasis. armani. selbstzerstörerisch. tragisch. einsam. lieber alter treuer freund. **mach's gut. wir werden dich nicht vergessen.**

Wir sind Erinnerung. Ein namenloser »lieber alter treuer Freund« wird von seinen gleichfalls namenlosen Freunden mit Begriffen verabschiedet, die sie offenbar mit ihm verbinden. Auch wenn manche Anspielungen nicht zu deuten sind, so entsteht durch die sehr unterschiedlichen Stichwörter das Porträt eines vielschichtigen, »selektiv hilfsbereiten« Menschen, der so seine Abgründe hatte.

Nun sind wir ohne dich, lieber Bernd.
Doch in unserer Erinnerung bleibst du lebendig.

„Uschile – wie goats?" Herzlich, ernst gemeint, immer gut aufgelegt

„Ist egal wer gewinnt, solange er Schumacher heißt und Ferrari fährt."

„Halllooooo Pauuuuulaaaaa, hier ist Beeeeeeeernd…"

„Wenn man uns nur zugehört hätte, wäre die Welt ein gutes Stück besser und gerechter, aber da waren immer nur wir beide mein Freund."

„Isses nicht so? So isses doch, oder? Oder? Mann, Mann, Mann!"

Susann, Simon - jetzt sind wir eure Zeugen für einen
wunderbaren Menschen, der seine Ruhe gefunden hat.
Und keine Sorge Großer, wir kümmern uns um deine Lieben.

Uschi & Ingo, Katja & Markus, Siggi, Paula & Stephan

Beim Bernd sind es die Sprüche, die ihn charakterisieren. Und wir müssen sagen: Wir können uns den liebenswerten Beeeernd sehr gut vorstellen. Obwohl wir ihn ja gar nicht kannten. Mann, Mann, Mann!

Mach's gut Trulla!

* 5. Oktober 1943 † 30. Oktober 2016

Achi
Thommy, Lina, Junes, Pepe
Axel, Janine, Charlotta

»Trulla« ist ja eigentlich eine abwerende Bezeichnung für eine Frau, die einem auf die Nerven geht. Unter Freunden ist das jedoch ganz anders gemeint. Das vermuten wir zumindest, denn Achi, Thommy und die andern verlieren nicht viele Worte über »Trulla«.

Der liebe Jung hat das Dorf verlassen.

 # Old Joe #

Käpt'n Kirk Enterpreis
In tiefer Trauer
die Jung's, Karneval, Beach Party
Guido Böker, Bruno Essenberg, Siggi Sonnenberg,
Heini Heinrichs, Michael Brüning, † Kinkong-Hasi

In der Anzeige für den »lieben Jung« Old Joe beeindruckt, dass sich unter den Trauernden ein gewisser »Kinkong-Hasi« befindet, der bereits vor dem Alten Joe »das Dorf verlassen« hat.

Nehmt das, ihr Heulsusen: Die wahren Freunde erkennt man an ihren echten und vor allem sinnvoll investierten Tränen.

Es werden so viele unsinnig geweint, aber die Tränen, die Dir gegolten – sie waren so sinnlos nicht.

FRIEDEMANN S

† 7. 6. 2011

Unvergessen, Thomas S

Linden trauert um

OPPA WERNER

„Scheiße, dass Du nicht mehr da bist!"

Bettina, Ulf, Uwe, Kammi, Hannes, Deckel,
Marcus, Nobbi, Günni, Peter, Josh, Bea, Nadja,
Conny, Judith, Dirk, Wolle, Harm
und alle, die Dich aus dem IZARRO kannten

Hannover-Linden, im Oktober 2012

Wir haben es schon an anderer Stelle bemerkt: Das S-Wort in Todesanzeigen verbürgt ehrliche Betroffenheit und tief empfundenen Schmerz. Vor allem wenn es um Kneipenbekanntschaften und ebenso sturmfeste wie erdverwachsene Stammgäste geht wie »Oppa Werner« aus Hannover-Linden.

Auch die Familien aus der Nachbarschaft können Freunde sein. Vor allem wenn es Gummibärchen für die Kinder gibt.

Es gibt keine Gummibärchen mehr

Wir trauern um unsere

Oma Erna

In dankbarer Erinnerung an viele schöne Stunden, die Nachbarskinder aus dem Bohrer.

Familien Asal, Beathalter, Haas, Heine, Hercher, Muckenhirn und Schneider

---

Wenn auf der Erde die Liebe herrschte, wären alle Gesetze entbehrlich.
Aristoteles (384-322 v.Chr.)

Plötzlich und unerwartet wurde unser lieber, treuer Freund, der Buscher Feld- Bimerich Verbindungsweg, im Alter von über 175 Jahren aus unserer Mitte gerissen.Du warst uns ein Weg der Geborgenheit, der Heimat und des Glückes.Generationen von Familien haben Dich geliebt und geschätzt. Mit Deiner Ruhe und Deiner Schönheit warst Du ein Kleinod zwischen Mauern und Beton.Die Schranken, die uns nun für immer von Dir trennen, verwehren nur unseren Schritten den Zutritt, aber niemals unseren Erinnerungen und Erzählungen.Danke für all die wunderschönen Momente. Wir werden Dich sehr vermissen.

Deine Weg-Gefährten.

In unserer letzten Anzeige nehmen die »Weg-Gefährten« Abschied von einem ganz besonderen Freund, einem Verbindungsweg, den die Anwohner 175 Jahre lang beschreiten konnten und der nun, aus welchen Gründen auch immer, gesperrt wird.

17

»Wie eine Kuh mit vielen Eutern«

Gedichte im Trauerrand

Als Petrus mich nach oben rief,
merkte ich, jetzt läuft was schief.
S'Lebtach nich hätt' ich das gedacht,
doch plötzlich war dann Schicht im Schacht.
Ich hatte doch noch viel zu tun,
stattdessen muss ich jetzt wohl ruh'n.
Auch ohne mich lasst's weiter krachen,
ich werd' von oben mit euch lachen.
Bleibt fröhlich, wie ich's immer war,
in diesem Sinne: Au Revoir!

Manfred K

* 28. Mai 1946   † 2. September 2016

Wir vermissen Dich

Marita mit Familie
sowie alle Angehörigen und Freunde

Auch in diesem Buch darf die lyrische Abteilung nicht fehlen. Denn in Todesanzeigen wird weiterhin gedichtet, die Hinterbliebenen verfassen Gereimtes und Ungereimtes, mild Ironisches und wild Heroisches, Trauriges und unfreiwillig Komisches. Und manchmal ist es auch der Verstorbene selbst, der vor seinem Ableben noch ein paar gut gelaunte Verse hinterlassen hat – wie Manfred K.

Im Falle von Franz-Dieter W. werden die Angehörigen tätig. Doch der Sound ist ganz ähnlich. Dabei ist es der knallige Kontrast der ersten beiden Zeilen, der uns besonders beeindruckt, um nicht zu sagen: umgehauen hat.

Auf Gott, da wollten wir vertrauen!
Die Diagnose hat uns umgehauen,
viel zu schnell die Krankheit fortgeschritten,
wie sehr hast Du, unser Schatz, gelitten!
Du warst für all das nicht soweit,
für dieses Ende nicht bereit.
Du wirst uns fehlen, Tag für Tag,
jedem, der Dich liebt und mag.
Das Leben ist zu schnell vorbei,
halt uns im Himmel die Plätze frei.

Bis zum Schluss hielten wir deine Hand, jetzt müssen wir uns endgültig verabschieden von meinem lieben Mann, herzensguten Papa, besten Opa

Franz-Dieter W

* 27. 1. 1947   † 14. 3. 2018

Als Experte für »Holziges« hat Alfred K. die Verse, die seine Todesanzeige schmücken, selbst verfasst. Wenn auch zu einem anderen Anlass, wie die Quellenangabe verrät. Es sind die Hinterbliebenen, die diese Zeilen ausgewählt haben und K.s doppelte Begabung als Schreiner und Oberstudienrat nutzen.

Von außen edel, innen schlicht, -
wer drinnen liegt, sieht beides nicht.
Verwesend oder durch Verbrennung
vollzieht sich die endgült´ge Trennung. -
So endet Holz und der, den´s birgt,
sie haben beide ausgewirkt. [1]

Was hinterher wird übrig sein,
geht in der Welten Kreislauf ein.

-----

[1] aus: "Holziges" in: "Mehrdeut-iges" von:

Alfred K

Schreiner / Oberstudienrat i. R.
* 21. 12. 1928   † 12. 10. 2019

ist es wie es ist oder doch ein trug somit schluss?

das leben ist kurz
die liebe lang
manchmal auch ein bumerang

das leben ist lang
die liebe kurz
wie'n furz

das leben ist schwer
ich mag nicht mehr
dich hingegen sehr

dem Pöt von Rendel
und verrückten besten Opa Jochen der Welt
Danke für die schöne Zeit

Anna, Mauricio, Noah, Paulo, Lucián
Jan, Heike, David, Julius, Johan
Sabine

Auch Opa Jochen aus dem hessischen Rendel schrieb Gedichte. Eigenwillig, wortspielerisch und lustig wie ein Kinderfurz. Seine Enkel haben ein schönes Exemplar aus seinem Werk ausgewählt.

Dr. med. Heiko H

* 25. September 1940 † 21. Mai 2015

Manchmal
stehe ich in
den Hängen
meines Gefühls
und habe Angst
vor dem Abgrund
Heiko H

Auch Ärzte können dichten. Im Unterschied zu Opa Jochen neigt Heiko H. eher zur Innenschau.

Mein Leben
ist ein
kleines Licht
ist es
erloschen,
spürt
man's nicht
Wichtig ist
jedoch zu
fragen:
gibt es
Grund, sich
zu beklagen?

Heiko H   Dez. 2014

In Liebe und tiefem Schmerz haben wir Abschied genommen.

Bärbel

Annica und Peter

Wencke und Björn

Nils und Bettina

Enkel

und Anverwandte

Die Beerdigung fand im engsten Familienkreis statt.
Sollte jemand aus Versehen keine besondere Nachricht erhalten haben, so bitten wir, diese als solche zu betrachten.
Unser besonderer Dank gilt den Ärzten sowie dem Pflegepersonal des evangelischen Krankenhauses in Wesel.

Ein letzter Tag

Sonnenstrahlen fallen in das Zimmer
es ist warm, ihre Augen fallen zu.

Fenster, Türen stehen offen
kühler Zug streift warme Haut,
die falschen Zähne abgelegt.

Freunde bringen Wärme
Abschied von kalten Händen zu
nehmen, der Kopf nicht mehr erhoben.

Warme Minze weckt Erinnerung
kühles Tuch streicht stumme Lippen
letzter Gang schon längst vollbracht.

Wärmendes Geleit zu kühler Stunde
erfasst von Herzlichkeit in enger Runde
tauschen Gesten aus.

Dämmerung bedeckt die Reise
Hoffnung trägt die Dämmerung
teilen sich das letzte Mahl.

Sog um Sog strömt ein und aus
kalte Hand flößt Abschied ein
gehen in sich Selbst.

Noch ein Mal...
noch ein Mal...
noch ein..
noch...

Wie vielen Kindern schenkte sie ihr Lächeln?
Wie vielen Menschen reichte sie ihre Hand?
Wie viele Mal ging sie auf Andere zu?

Unsere wundervolle Mutti

Lieselotte V   geb. P
„Lilo"
geb. 16.08.1925 verst. 11.07.2015

hat sich in den Himmel verabschiedet.

Wir sind dankbar, dass wir sie hatten.
In Namen der ganzen Familie und aller Freunde

Mit dem Gedicht »Ein letzter Tag« versuchen die Angehörigen die Atmosphäre im Sterbezimmer einzufangen. Das Bemühen, die »wundervolle Mutti« mit der Schilderung allerlei Details bis zu ihrem letzten Atemzug zu begleiten, hat etwas Rührendes.

Man sah dich oft dort, wo sattes Grün viele Beine liebt.
Und Fußbälle denen ihre Würde zeigen, die sie lieben.
Immer aber fing sich die Sonne in deinem bewegten Haar.
Vieles von dem gibt es noch, an diesem Ort ...
Nur du, unser Freund, bist leider fort!

Christian K
* 12. September 1965   † 14. April 2014

Immer wenn wir von dir erzählen,
fallen Sonnenstrahlen auf unsere Seelen.
Wir werden dich immer in unseren Herzen tragen
und nie vergessen.

Claudia, Mike, Rami, Nobby, Rolli, Christof,
Heike, Ralle, Corny, Fritz, Welti, Christiane,
Hurra, Ina, Judith, Bumbum, Rossi, Ralf,
Karsten, Rainer, Axel, Lufti, Josh, Martina

Sonnenstrahlen finden sich auch auf dem Fußballplatz. Dass sich das runde Leder vorzüglich dazu eignet, zeitgemäße Heldenlyrik hervorzubringen, wissen wir seit den »Rammer- und Brecher«-Sonetten von Ror Wolf. Doch auch die Freunde von Christian K., darunter »Bumbum«, »Hurra« und »Lufti«, machen ihre Sache nicht übel. Besonders die erste Zeile verrät den lyrischen Zugriff.

Bleiben wir beim Sport. Als »Handballer-Urgestein« und »Herr aller Hallen« hat sich Lothar M. für die Gänsefurther Sportbewegung bleibende Verdienste erworben. Als Vereinsvorsitzender, aber auch als äußerst vielseitiger Sportsmann mit der beeindruckenden Kombination der Disziplinen Triathlon, Tennis und Tanz.

Nachruf

Sport war dein Leben!

Lothar M

Du Handballer-Urgestein – du Herr aller Hallen,
fandst auch an unseren Disziplinen Gefallen.
Leichtathletik, Triathlon, Tennis und Tanz,
kompetent – immer im Zeichen der Gaensefurther Gans.
Als Vorsitzender hattest du die Fäden in der Hand,
organisieren, motivieren – brachtest so manches in Gang.

Wir sind traurig – vermissen dich sehr,
dein Platz in unserer Mitte - nun leer …

Lothar - schau dich um, du bist nicht allein,
tief im Herzen werden wir immer bei dir sein …

In dankbarer Erinnerung

**Gaensefurther
Sportbewegung
e.V.**

Henrik

Nie mehr Honig von Deinen Bienen
Nie wieder zocken hinter geschlossenen Gardinen
Nie mehr Nutella als Geburtstagsgeschenk
Nie wieder Dein Besuch auf ein Apfel-Getränk
Nie mehr Deine Beratung zu Computer-Themen
Nie wieder was zusammen unternehmen
Nie mehr Streit wegen Lapalien
Was wird aus dem Traum mit dem WoMo nach Spanien?
Nie mehr SIMS spielen auf Deiner Konsole
Nie wieder ein Schuss aus Deiner Jäger-Pistole
Nie mehr Deine Wäsche in meinen Händen
Nie wieder zu Besuch in Deinen Wänden
Nie mehr Päckchen für Dich empfangen
Nie wieder Nachschlag auf Dein Verlangen
Nie mehr Rehkeule aus Deinem Revier
Nie wieder sind wir in der Familie vier
Warum bist Du gestorben – das weiß der Geier.
Aber eine Frage zum Schluss:
Wer geht nun als erstes auf der nächsten Familienfeier?

Henrik S

* 26. Februar 1979 ✝ 8. Juli 2021

Herzlichen Dank

allen, die ihm große Freundschaft schenkten,
die ihn ehrten und auf seinem letzten Weg begleitet haben.

Besonderen Dank an:

die Kollegen und Geschäftsleitung der Firma Fibrolux
und an die Jagdkameraden sowie der Pietät Ernst Bestattungen.

Dank an die vielen Spenden mit denen wir soziale Projekte unterstützen werden.

Im Namen aller Angehörigen:

Ingrid und Wulf
Wiebke mit Jonas, Romy und Benjamin
Angela

Oberjosbach, im August 2021

Mit den stets wiederkehrenden Anfangsworten »Nie wieder …« entwerfen die Angehörigen ein liebevolles und sehr lebendiges Porträt von Henrik S. Das Ganze noch gereimt und mit einer hübschen Schlusspointe.

Mit Heidekraut beim Silberblatt sind
rundherum mit Weidgeflecht verteilt die Veilchen spät,
Rand des Korbs umhegt noch diese Zeit
gegen Kälte Schutz und vor dem Wind,
Regen, Regen, Regen rinnt ...
ein Opferlicht nicht lischt, sein strahlendes Gebet
trägt Fürbitte fort ins feuchte Dunkel weit.

Novembergrab

für MARGRET, für Liebes:

Wir haben Dich sehr lieb
Wir vermissen Dich sehr
Wir danken Dir für alles

Eine etwas elegische Gedenkanzeige wird einer nicht näher bezeichneten Margret zugeeignet. Wer immer das Poem verfasst hat, war offenbar näher mit der Grabpflege betraut, hat aber auch die ermutigende Symbolik des dem Regen trotzenden Grablichts nicht übersehen.

Liebster Herbert, unser Sohn

es ist das zweite Jahr,
es ist so traurig, wie das erste war.
Das Leben ist so leer,
es ist unendlich schwer.
Denn Du fehlst uns doch so sehr und immer, immer mehr.

Wo sind die Treuen, denen beim Versenken
Die Liebe schwuren in ewigem Angedenken?
Leis flüstern dies die düsteren Zypressen:
„Vergessen!"

Und sah denn niemand, wo sie hingegangen?
Reicht über's Grab kein noch so heiß Verlangen?
Die finstern Haupter schütteln jene Fichten:
„Mitnichten!"

Doch für uns, mein lieber Sohn
bist Du am Himmel ein Stern,
uns so nah und doch so fern.
Wir möchten nur einmal mit Dir reden,
Dir all unsere Liebe geben.

Einmal nur Dich in den Arm zu nehmen,
Dich einmal lachen, weinen sehen.
Einmal nur Deine Stimme hören,
einmal nur Dein Haar berühren.

Würden Deine Augen nur einmal strahlen,
könnten wir die Leere in unseren Herzen ertragen.
Doch am Himmel bist Du ein Stern,
uns so nah und doch so fern.

Mama Helga und Papa Herbert verfassen zum zweijährigen Todestag ihres Sohns Herbert ein ebenso rührendes wie schmerzvolles Gedicht, an dem sie sicher lange gefeilt haben. Man achte auf die Schlüsselwörter »Vergessen!« und »Mitnichten!«, die sich jeweils auf symbolisch aufgeladene Bäume reimen.

In ewiger Liebe:
Deine Mama **Helga** und Dein Papa **Herbert**

Hallo Herbert, liebster Sohn,

7 Jahre sind es schon,

ohne Dich
Zwei Worte leicht zu sagen
und doch so endlos schwer zu ertragen.

Ich klage still,
Weil ich nicht will,
Dass man mich höre klagen;
Ich trag allein,
Die Last ist mein,
Kein andrer soll sie tragen.

Der Riss in meiner Seele!
Ach wie ich mich täglich quäle.
Rastlos bin ich, ohne Ruh',
Was mir fehlt bist einzig Du!

Wenn Liebe einen Weg zum Himmel fände
und Erinnerungen Stufen wären,
würden wir hinaufsteigen und Dich zurückholen.

In ungebrochener und ewiger Liebe
Deine Mama Helga und Dein Papa Herbert

Fünf Jahre später melden sich Helga und Herbert noch einmal zu Wort, um ein weiteres Mal den Tod ihres Sohnes in Reimen zu beklagen. Diesmal aber »still« und ohne dass jemand die Klage mitbekommt.

Wer jedoch annimmt, dass die Worte von Helga und Herbert ungehört verhallen, der irrt gewaltig. Ebenfalls unter den Traueranzeigen fand sich der folgende Kommentar.

Liebe Eltern von Herbert
Euer Gedicht vom 01.07.2011 hat uns so sehr berührt, da wir das gleiche Schicksal haben.

Falls Ihr Kontaktaufnahme wünscht: Chiffre 2633 an SOG Nachrichten, Münzstr. 14, 86956 Schongau

Für meinen Bruder

Krachend wie die Peitschenhiebe
mußten wir schmerzlich erfahren,
daß die Frau, für die Du empfangen einmal Liebe,
Dich postum zerreißt mit Haut und Haaren.

Charakterlos war sie schon immer,
egozentrisch, mit einem eiskalten Herz.
Doch nun werden ihre Lügen immer schlimmer,
sie treffen uns grausam und verbreiten tiefen Schmerz.

Ist diese Frau denn gegen Gefühle immun?
Hat sie Dich überhaupt jemals geliebt?
Wohl kaum, könnte sie Dir das sonst antun?
Ich hätte nie geglaubt, daß es so schlechte Menschen gibt!

Als Toter kannst Du Dich nicht wehren und einschalten,
so hat sie es leicht, Dich zu reden in Schand'.
Wir als Deine Familie aber werden immer zu Dir halten,
was wirklich wa(h)r, weiß der genau, der Dich gekannt!

Frohe Weihnacht wünscht Dir
Sylvia

Sylvia dichtet wacker gegen den Tod ihres Bruders an, dessen Namen sie nicht mitteilt. Was auch daran liegen mag, dass hier reimend mit der Schwägerin abgerechnet wird. Immerhin stehen am Ende frohe Weihnachtsgrüße.

Die Erfahrung lehrt: Wer seine Angehörigen mit einem mühsam errungenen Poem verabschiedet hat, der kehrt oftmals an den Tatort zurück, um der begierigen Leserschaft ein weiteres Stück Gedankenlyrik hinzuwerfen. In diesem Sinne hält es auch Werner K. mit seiner Herta.

> Als die Krankheit immer mehr an meinen Kräften nagte,
> da hörte ich wie Jesus zu mir sagte:
> „Wenn deine Kräfte sind zu Ende,
> dann komm Herta, - her -, in meine Hände."
> Nun schaust du mir von oben zu,
> ich gönne Herta dir, die himmlische Ruh.

Im Vertrauen auf Jesus Christus ist meine geliebte Frau

Herta K

geb. S

* 26. 7. 1946 † Allerheiligen 2004

in Wittlich

zu ihrem göttlichen Vater heimgegangen, der im Himmel ist, wo Sie von vielen aus ihrer Familie freudig erwartet wird.

Wir Beide hatten vor auf Erden,
zusammen alt zu werden.
Du wirst nach 34 Jahren mir sehr fehlen,
wir konnten aber nur den Tod noch wählen,
weil Sterben war für uns Erlösung und Gnade
nur leider 20 Jahre zu früh Herta. Schade!
Nun kann ich Dich nicht mehr umsorgen,
bei Gott bist Du jetzt gut geborgen,
bei ihm bist Du nicht tot und krank.
Für alles Herta Dir - und Gott sei Dank.

Werner K
und alle Angehörigen

Danke, möcht ich sagen,
nicht weinen weiter mehr und klagen.
Herta ist erlöst von Krankheit, Leid und Schmerzen,
sie lebt weiter ja, in vielen Menschenherzen.
Sehr, sehr viele haben so mir Trost gespendet,
das mit dem Tod das Leben längst nicht endet.
In Gottes Nähe ich mir erlaube,
lebt in Erfüllung sie, lehrt uns der Glaube.

An der hl. Messe haben besonders viele teilgenommen,
zum Begräbnis sind noch mal mehr gekommen
und sind den letzten Weg mit ihr gegangen
bis ans Grab, um himmlische Ruhe zu erlangen.
Dafür mein Dank von ganzem Herzen,
für Blumen, Kränze, Lichter, Geld und Kerzen.
Auch für einen kurzen Druck der Hände,
spricht - ohne Worte - mehr als Bände.
Aufrichtig „Danke, an Jeden, allesamt,
auch an ihr geliebtes Gesundheitsamt."

Herta K
* 26. 7. 1946
† Allerheiligen 2004

Werner K

Eine empfindliche Rarität, eine edle Pflanze.
Deine Anziehungskraft war wie ein Magnet,
dem keiner widerstehen konnte.
Du hast geleuchtet und erleuchtet.
Wie eine Kuh mit vielen Eutern
gabst Du Jedem eine besonders positive Energie.
Ein begehrter Diamant, der niemandem gehörte.
Ich danke Gott, dass es Dich in meinem Leben gab.
Für jede einzelne Sekunde in den 40 Jahren mit Dir ...
Du warst mein bester Freund, mein Kind, mein Vater, mein Lehrer –
eine unschätzbare Sammlung der menschlichen Superlative,
die in meinem Herzen immer leben wird.

* * *

Jo G

Visionär
Individualist
Künstler
Firmengründer
Geschäftsmann
mit weltweitem Blick

* 3. November 1925   † 23. Juli 2018

Ein denkender Koloss
Ein positiver Macher
Ein rarer Künstler, rarer Boss,
Ein Pionier in allen Sachen.

Ein Edelstein, Naturtalent
Ein Visionär mit viel Charisma.
Dein Wirken war ambivalent ...
In Deinem Blick war Licht mit Prisma.

Du gabst Volumen, Energie –
Materie des Lebens,
Du warst im Wirken ein Genie,
Einmalig wertvoll war Dein Wesen.

Ein Guru, Kind, ein Arbeitstier,
Im Zeichen positives SCHAFFEN.
Du warst Dein eigener Vampir
Im Ausgleich von Licht und Schatten.

Du warst ein Stern mit weitem Licht,
Ein Mann mit Charme, mit Rahmen,
Kein Blender, sondern ein Gewicht.
Dein Können ehrte Deinen Namen.

Du bist ein Deutscher mit Format,
Der Beste von der Garde.
Manch' hätte gern Dich nachgemacht.
Doch Du bist Gold.
Dagegen sie – nur Farbe.

Du warst der Fleiß mit dem Erfolg,
Gewaltig groß und doch bescheiden.
Du warst mein Sonderpunkt, mein Stolz.
So wirst Du immer sein und bleiben ...

Ariane W.

Nicht nur als »Kuh mit vielen Eutern« feiert die wortgewaltige Ariane W. ihren Mentor Jo G., der als »Pionier in allen Sachen« ganz vorne mitgemischt hat. Dabei überschlagen sich die Metaphern und noch so manches mehr. Besonders eindrucksvoll finden wir ihre Lobpreisung: »Du warst Dein eigener Vampir.«

Zum Abschluss dieses Kapitels soll noch mal ein Profi zu Wort kommen. Der Lyriker und Kulturwissenschaftler Peer Schröder schrieb das Gedicht »Schimmer« ein halbes Jahr vor seinem Tod. Soweit wir wissen, nicht für seine Todesanzeige. Aber seine Freunde haben das Gedicht gut ausgewählt.

```
SCHIMMER
Gib deine Hand blöder Käfer
Fliegende Rockfahnen

Ewiges Wartezimmer
Verrohrtes

Der Fluss
In einem Meer von Bildern

Untergehen
Mit Bäckerinnen.

Peer Schröder
(Sophie Sieben, 7. Sept. '18)
```

Im Andenken an unseren ewigen Freund
Peer Schröder

Stephan + Kathrin
Paula + Hermine
B

»Sagt ihnen, ich wurde beim Zigarettenholen vom Pferd geschossen«

Anzeigen von bekannten und markanten Persönlichkeiten

Wenn Menschen sterben, die einem etwas breiteren Publikum bekannt sind, dann sind auch Todesanzeigen fällig, bei denen die Hinterbliebenen nicht auf die Standardlösung aus der Mustersammlung des Bestatters setzen. Sie lassen sich selbst etwas Besonderes einfallen – nicht zuletzt, um zu zeigen, dass die oder der Verstorbene auch etwas ganz Besonderes gewesen ist. Solchen Anzeigen wollen wir uns in diesem Kapitel zuwenden. Ergänzt werden sie von Exemplaren, die an weitgehend unbekannte, aber desto markantere Persönlichkeiten erinnern – wie den »Running man of Minneapolis«, der uns am Ende dieses Kapitels über den Weg laufen wird.

In tiefer Verbundenheit und Trauer nehmen wir Abschied von

james last

* 17. April 1929   † 9. Juni 2015

Wir verneigen uns vor dem wunderbaren Künstler und
unvergleichlichen Musiker, wir verneigen uns vor unserem Freund Hansi.
In seiner Musik lebt er für uns weiter.

**Dieter Semmelmann und das Team von
Semmel Concerts Entertainment GmbH**

Die öffentliche Trauerfeier findet am 8. Juli 2015 um 12 Uhr in der Hauptkirche St. Michaelis, Hamburg statt.
Es ist nur eine beschränkte Platzanzahl vorhanden, Reservierung nicht möglich.

Im Sinne von James Last bitten die Angehörigen anstelle freundlich zugedachter Blumen und Kränzen
um eine Spende für die DKMS Deutsche Knochenmarkspenderdatei.
DKMS-Spendenkonto: Deutschen Bank Reutlingen, IBAN: DE27 640700850179000502, BIC: DEUTDESS640,
Stichwort: „James Last"

Beginnen möchten wir mit einem sagenhaft erfolgreichen Musiker im weißen Anzug, dem Arrangeur und Bandleader James Last, der in den 1960er- und 1970er-Jahren mit seinem gefälligen »Happy Sound« allgegenwärtig war und fingerschnipsend nicht weniger als 208 »Goldene Schallplatten« abräumte. Es ist der charakteristische Schriftzug, der diese Anzeige so besonders macht. Auch wer den »Happy Sound« für seichten Horror hält, weiß auf den ersten Blick, wer hier verstorben ist.

> **Adieu**
>
> Chansonnier **UDO JÜRGENS**
>
> der Mann mit dem Klavier, ruhe sanft ...
>
> Stille Grüße
> Deine Fans und ich

Bleiben wir bei der Unterhaltungsmusik: Ähnlich populär und ebenso lang anhaltend erfolgreich war der Mann im weißen Bademantel, der Sänger und Komponist Udo Jürgens. Um ihn trauerte mindestens einer, der sich ausdrücklich als Nicht-Fan zu erkennen gibt.

Unsere zweite Anzeige für Udo Jürgens stammt dann aber doch von einem Fan. Brigitte H. (die ihren Nachnamen in der Anzeige selbst so abkürzt) würdigt den Schöpfer so unverwüstlichen Liedguts wie »Der Teufel hat den Schnaps gemacht«, »Mit 66 Jahren« und »Aber bitte mit Sahne« ausdrücklich als Komponisten. Ganz so, als wäre sie von den sängerischen Qualitäten des Allrounders nicht restlos überzeugt. Doch vermutlich will sie nur darauf hinweisen, dass Udo seine Hits (fast) alle selbst komponiert hat.

> Für den unvergessenen
> **Udo Jürgens (Komponist)**
> Dein erster Todestag
> - Du fehlst mir sehr -
> Deine ewige musikalische Verehrerin
> Brigitte H.

„ ... ich glaube, ich habe im Wesentlichen herumgestochert."
Dieter Hildebrandt – Scheibenwischer 2003

Dieter Hildebrandt

* 23. 5. 1927   † 20. 11. 2013

Wenn jemand so wortgewandt ist wie der Kabarettist Dieter Hildebrandt können die Angehörigen bei der Auswahl des Mottos aus einem reichen Fundus schöpfen. Wir würden sagen: eine gute Wahl.

Wir nehmen Abschied:
Renate
Ulla
Jutta und Gerd mit Franziska und Moritz
Judith mit Luisa, Phillip, Luis und Marie
Nicolas
Biggi

Und auch für die spätere Dankesanzeige hat Renate Hildebrandt ein nicht weniger schönes Zitat ausgewählt.

»Ich glaube, dass ich irgendwann wiederkomme, als Tisch, als Autoreifen oder als Schrank.«
Dieter Hildebrandt

Für die unglaubliche Anteilnahme und Freundschaft beim Tod meines geliebten Dieter bleibt mir nur zu sagen: Danke! Danke Euch allen!
Renate Hildebrandt

Da ist Loch.

Dimiter Gotscheff
26.04.1943 – 20.10.2013

Beim bulgarischen Theaterregisseur Dimiter Gotscheff stammt das Motto vermutlich von ihm selbst. Hintergründig, vieldeutig. Vielleicht auch eine Anspielung auf die letzte Inszenierung, die Gotscheff nicht mehr vollenden konnte: »Warten auf Godot« von Samuel Beckett. Das Bühnenbild war ein großer Krater, ein Loch. Aber die Aussage passt auch sonst gut zu einem Theatermacher, der für seinen schelmischen Humor geschätzt wurde.

Sagt Ihnen, ich wurde beim Zigarettenholen vom Pferd geschossen.

MICHAEL GWISDEK
14.1.1942 – 22.9.2020

Wir lieben dich, denken an dich und feiern dich

Deine Frau Gabriela und Tochter Maxi
Deine Söhne Robert und Johannes
Corinna und Wolfgang
und Deine Enkel
Amaro, Eddi, Artur und Ava

Bei der Anzeige für den Schauspieler Michael Gwisdek ist es sogar verbürgt, dass das einzigartige Motto von ihm selbst stammt. Zumindest berichtet Schauspielkollege Heino Ferch in einem Zeitungsinterview davon. Gwisdek war starker Raucher. Und dass er einen ausgeprägten Sinn für Humor hatte, zeigte sich ja auch in seinen Filmen.

Zu den bekannten Namen gehört er nicht. Und doch zählte Dieter Ranspach zur erlesenen Riege der Berliner Staatsschauspieler. Außerdem war er viel beschäftigter Synchronsprecher. Bei darstellenden Künstlern ist es doch etwas überraschend, wenn lapidar mitgeteilt wird, an welcher Stelle sich ihre Urne befindet.

Dieter Ranspach
Berliner Staatsschauspieler
* 14. 6. 1926   † 31. 10. 2017

Die Urne befindet sich auf dem Alten Kirchhof Schöneberg, Hauptstraße 47, 10827 Berlin, Urnenstellen-Nr. UN 3-3-7/8.

Mein Magma ist aufgebraucht, wie meine Seele zersplissen ist.
Fritz J. Raddatz, 24. Februar 2015

Prof. Dr. Fritz J. Raddatz

3. September 1931   ~   26. Februar 2015

Unendlich dankbar bin ich für die große Liebe, die 32 Jahre währte.
Sie wird den Tod überdauern.

Gerhard B.

Als erloschener Vulkan begreift sich Literaturkritiker Fritz J. Raddatz. Sein Lebensgefährte Gerhard B. gibt dieser Lebensbilanz, die nach heroischem Scheitern und wunder Seele klingt, dann doch eine versöhnlichere Note.

Noch unter der Erde krachen lässt es der Schriftsteller Günter Grass. Sein Gedicht »Wegzehrung« aus dem Buch »Fundsachen für Nichtleser« von 1997 zeugt von seiner Entschlossenheit, mit den passenden Beißwerkzeugen harte Nüsse zu knacken – und das auch über den Tod hinaus.

WEGZEHRUNG
Mit einem Sack Nüsse
will ich begraben sein
und mit neuesten Zähnen.
Wenn es dann kracht,
wo ich liege,
kann vermutet werden:
Er ist das,
immer noch er.

Wir trauern um unseren Gastgeber, unseren Spiritus Rector, unseren Komplizen im Widerspruch, unseren Kollegen und Freund, wir trauern um

Günter Grass
1927 – 2015

»Denken Sie immer daran, mich zu vergessen.« Wir haben diesen paradoxen Grabspruch schon an anderer Stelle zitiert. Er stammt vom Konzeptkünstler Timm Ulrichs, der damit 1969 bekannt wurde – damals noch als junger Mann. Nun kommt es bei Todesanzeigen immer wieder vor, dass sich jemand anders so einen guten Spruch ausborgt. Der oberbayerische Maler Rudolf L. Reiter kommt dem eigentlichen Urheber jedenfalls zuvor. Denn Timm Ulrichs ist, soweit wir wissen, noch sehr lebendig.

Bis unsere Leben wieder eins sind
Wenn ich heute am Grab meines Körpers steh, und gestern die Geburt meiner Mutter war,
wenn ich heute die Leiden von morgen beweine und glücklich über die Stunden der Zukunft bin,
wenn ich heute die Bilder von damals sehe, und gestern die Bilder von morgen sah.
Wenn ich wieder am Anfang des Weges geh, und gestern der Weg zu Ende war.
Wenn aus zwei Hälften ein Ganzes wird, und das eine zu keinem wird, können die Hälften von gestern erst glücklich werden.
Rudolf L. Reiter, 1978

Unsagbar traurig nehmen wir Abschied von

Rudolf L. Reiter
geb. 24. 6. 1944   gest. 26. 6. 2019

In tiefer Trauer
Victoria Reiter, Tochter, mit **Hamit Ataseven**,
Ferdi und **Meryem**

Trauergottesdienst am Montag, 1. Juli 2019 um 9.30 Uhr in der Stadtpfarrkirche St. Johannes in Erding mit anschließender Beerdigung im Friedhof St. Paul in Erding.

„Denken Sie immer daran, mich zu vergessen..."
R. L. Reiter

Dem Vergessen entrissen werden soll der weithin unbekannte Dichter Heinrich Friedrich Johann Foth, der den Angaben zufolge vor 200 Jahren im mecklenburgischen Bützow geboren wurde. Und auch sein Werk »Darius Hystaspis«, das große dichterische Ambitionen vermuten lässt, ist hartnäckig von Publikum und Wissenschaft ignoriert worden. Immerhin scheint Dichter Foth in anderer Hinsicht sehr produktiv gewesen zu sein.

Zur Erinnerung an

HEINRICH FRIEDRICH JOHANN FOTH

den Dichter des „Darius Hystaspis"
der heute vor 200 Jahren in Bützow geboren wurde

Düsseldorf, den 9. März 2018
Nachkommen in aller Welt

Ein vielseitiger Büchermensch war Armin Abmeier: Buchhändler, freier Verlagsvertreter und Büchersammler, vor allem aber Herausgeber der »Tollen Hefte«, die besondere Grafiken und Texte enthielten, sowie der »Tollen Bücher«, bei denen das nicht anders war. Es trauern die Zeichner und Illustratorinnen. Unter dem programmatischen Motto des Illustrators und Kinderbuchautors Maurice Sendak.

Es muss im Leben mehr als alles geben. (Maurice Sendak)

Wir trauern um
Armin Abmeier

**Wir danken für Tolle Hefte und wunderbare Bücher
Du fehlst.**

ATAK, Julie August, Niels Beintker, Rotraut Susanne Berner, Jens Bonnke, Wolf Erlbruch, Christoph Feist, Anke Feuchtenberger, Mario Früh, Katia Fouquet, Moritz Götze, Stephanie Haerdle, Angela und Jörg Hensel, Jakob Hinrichs, Katrin Jacobsen, Kitty Kahane, Yvonne Kuschel, Gosia Machon, Thomas M. Müller, Franziska Neubert, Christoph Niemann, Merav Salomon, Axel Scheffler, Stefanie Schilling, Katrin Stangl, Kirsten Vogelsang, Henning Wagenbreth, Ingmar Weber, Jörg Ziegler

Urban Ehm
Bildhauer

Er war ein Mensch, der strahlte, ohne glänzen zu wollen.

geboren 27. August 1930 in Augsburg
gestorben 2. Januar 2014 in Augsburg

Ingrid Bergmann-Ehm
Dinah Ehm mit Martin Eder und Frederik
Jens-Uwe Glenz
und Angehörige und Freunde

Die Trauerfeier findet am Donnerstag, den 9. Januar 2014, um 14 Uhr in der Aussegnungshalle auf dem Westfriedhof statt.

Für den Augsburger Bildhauer Urban Ehm hat seine Frau ein brillantes Motto gefunden.

Herbert Ahues
† 11. 7. 2015

Ahues 1949: Matt in 2 Zügen

Wer wird uns jetzt noch Schachprobleme (dieser Qualität!) stellen?

Die Schachwelt muss Trauer tragen, während alle anderen keine Ahnung haben, wer Herbert Ahues überhaupt gewesen ist. Er war Großmeister für Schachkomposition, Autor wichtiger Schachbücher und gehört zu den größten deutschen Schachkomponisten. Die bange Frage am Ende der Anzeige scheint nur allzu berechtigt. Doch wüsste man gerne, wer sie stellt.

Mein geliebter Mann, unser Vater, Schwiegervater und Opa

Wolfgang Peter Seehrich

* 15. Mai 1941 † 17. Juli 2021

hat uns trotz schwerer Krankheit noch tapfer bis über seinen 80. Geburtstag hinaus als echter „Renaissance Man" den besten Weg gewiesen.

Er war Programmierer, Schriftsteller, Tüftler, Erzähler, Ingenieur, Designer, Gärtner, begnadeter Koch, Ästhet, Philosoph, Naturfreund und kompromissloser 501-Jeans-Träger.

Seine Geschichten und sein unermüdlicher Humor waren geprägt von den Werken von Mark Twain und B. Traven.

Er hinterlässt uns neben einer großen Sammlung von Büchern und Kunst das stete Streben nach einer besseren Welt und die große Liebe zur Natur.

Für seine unendliche Liebe und sein Vorbild bedanken sich

Ehefrau Ursula Seehrich
Anja Seehrich-Caldwell und William Caldwell mit Charlotte und Ella
Sabine Poets und Michael Sperl mit Yanick und Anicka
Roman und Jeanette Seehrich mit Leon und Norman
Edgar Poets

Die offizielle Verabschiedung findet am Samstag, den 24. Juli 2021, um 11.00 Uhr bei der Friedhofskapelle in Neckarelz statt (bitte mit Abstand und Masken).
Als letzte Ruhestätte hat er sich den Friedhof von Cave Creek in Arizona ausgesucht.

Statt zugedachter Blumen und Kränze freuen wir uns über eine Spende an das
Odenwald Hospiz Walldürn, Sparkasse Neckartal-Odenwald DE81 6745 0048 1001 3954 07

Mit vielen Talenten war Wolfgang Peter Seehrich ausgestattet, der in zeitgemäßer Abwandlung Anspruch auf den Titel »Renaissance Man« erheben kann. Dabei gibt uns das Bild vielleicht noch näheren Aufschluss über diesen vielseitigen Menschen und Geschichtenerzähler, der so gerne 501-Jeans getragen hat: Es handelt sich um Gustave Dorés Illustration von Don Quichotte, dem Ritter von der traurigen Gestalt.

The running man of Minneapolis is dead!

Franz alias Francisco Bernard B

17.06.1948

ist am 01.04.2020 nach kurzer unklarer Krankheit in seiner Wohnung kollabiert und verstorben.

Exzentrisch so war er. Langes rotes Haar, einen Schnauzbart mit gedrehten Enden, langer Mantel, Cowboystiefel und immer Schmuck, vor allem Ketten. Und er ist gelaufen, durch Minneapolis gelaufen, immer unterwegs. Ein guter, ein verrückter Tänzer zu Rockmusik, Einzeldarsteller bis zum Schluss. War beliebt bei einigen Bands als I-Tüpfelchen bei Ihren Auftritten.

Er liebte es zu schocken.

In den letzten Jahren wurde er großzügiger, freundlicher in der Begegnung mit Menschen. Er hat seinen Weg gemacht. Ist sich treu geblieben und war dabei so stur. Immer in seiner eigenen Welt. Wir würden sagen, eine verrückte Seele weniger auf der Welt. Weniger bunt, weniger Spannung. Als Bruder anstrengend, weil einfach nicht erreichbar und doch so bedürftig.

Jetzt ist er ganz plötzlich gegangen, mal eben alle geschockt.

Gut , wie lassen Dich gehen und wünschen Dir von Herzen Freude, Leichtigkeit und eine klaren Blick.

In Liebe

Elisabeth, Mechthild, Martin, Marie-Theres, Werner

Auf Grund von Corona-Ausgangsbeschränkungen haben wir eine Gedenkzeit verabredet. Ostersonntag 12.04.2020, 19.00 Uhr, 30 Minuten.

Einzeldarsteller bis zum Schluss: Auch der »Running man of Minneapolis« ruht in US-amerikanischer Erde. Und auch seinen Hinterbliebenen gelingt ein hinreißendes Porträt.

»Ich vermisse uns!«
Allerlei Paare

Sie gehören zu den Klassikern des Genres: Todesanzeigen, die von Ehe- oder Lebenspartnern aufgegeben wurden. Oder von anderen Menschen, die mit dem oder der Verstorbenen in einer Paarbeziehung gelebt haben. Die Grenzen zur Familienanzeige einerseits und zur Freundesanzeige andererseits sind nicht immer trennscharf.

Viele Paaranzeigen beeindrucken uns dadurch, dass in ihnen eine große Vertrautheit zum Ausdruck kommt. Wie in unserer ersten Anzeige für den jung verstorbenen Andy H. Seine Frau Christina legt eine eindrucksvolle Sammlung von liebevollen Kose- und Kampfnamen auf den Tisch. Dabei bedient sie sich der englischen Abkürzung »aka« (kurz für *also known as* = auch bekannt als). Vom »Engel« bis zum »Hausschwein« ist manches dabei.

Unsere Liebe wird nie sterben!

Andy H

* 15. 2. 1987 † 25. 5. 2013

In ewiger Liebe, für immer Dein:

Deine Christina

aka Bebi, aka Schatzi,
aka Hörnchen,
aka Knödelchen,
aka Schimmelchen,
aka Engel, aka Prinzessin,
aka Hausschwein,
aka Deine Frau

Sabine empfindet Klaus als Teil ihrer selbst. In einem Dreischritt, aufsteigend vom Bein zum Arm zur Hirnhälfte. Bei so viel Einheit kommt man nicht leicht vom Singular in den Plural.

Mein liebster Klaus,

Du warst mein zweites Bein,
mein zweiter Arm,
meine zweite Hirnhälfte,
die Hälfte meines Ichs;
nicht immer einer Meinung,
aber letztlich vereint.

Zwei Singulare sind kein Plural.

Ich danke Dir
für Deine Liebe zu mir
und Deine Geduld.

Ich habe Dich so sehr geliebt.

Sabine

michael & alexandra

Ich vermisse uns!

1975 — 2003

Auch bei Michael und Alexandra herrscht Innigkeit und Einheit. Die ist allerdings dahin. Doch weiß man gar nicht, wer von den beiden gestorben ist. Und ob überhaupt.

Eine schöne Gedenkanzeige zum 60. Hochzeitstag schaltet Leni für ihren Karl. Und das Verblüffende dabei ist: Auch die unbeteiligten Leser werden eingeweiht und können an ihren Erinnerungen teilhaben. Danke, Leni!

21. Juni 1952
Hochzeit

Das Kleid selbst gezeichnet,
eine Cousine es genäht,
die Schuhe mit
Glückspfennigen bezahlt,
der Zylinder von Karls Vater.

Es ist alles noch vorhanden –
nur du, mein guter Karl, fehlst!

21. Juni 2012,
es wäre unser
60. Hochzeitstag.

Gott hat anders entschieden und holte
dich vor 8 Jahren heim in seinen ewigen
Frieden.

In liebevoller Erinnerung
Deine Leni und unser Sohn

Margrit berichtet von einer denkwürdigen Sage. Da Sagen von außergewöhnlichen Begebenheiten künden, fragen wir uns schon, ob die zwei Stühle, auf denen Margrit und Horst »Slatti« K. Platz nehmen werden, im Himmel so sagenhaft selten sind.

Es gibt eine Sage, nach der im Himmel zwei Stühle
stehen für Eheleute, die es nie bereut haben,
dass sie einst geheiratet haben.
Auf einem wirst du sitzen; halte den anderen für mich frei.

Horst "Slatti" K

 * 5.4.1938 † 20.1.2015

Im Namen aller Angehörigen:
Margrit K   , geb. F

Die Urnentrauerfeier findet am Mittwoch,
dem 11. Februar 2015, um 11 Uhr im Westflügel des
Hauptfriedhofes Braunschweig statt.

Von freundlich zugedachten Blumen bitten wir abzusehen.

Behrens Bestattungen, Telefon: 0531 - 8 32 04

Helga G▓
geb. D▓

ist am
16. Juni 2016
verstorben.

Ein wenig unerwartet kommt er schon, der Kosename für Helga G. Auch würden wir erwarten, dass sich ihr »Hase« unter seinem bürgerlichen Namen zu erkennen gibt.

Mein Mäuschen hat sich
von ihrem Hasen verabschiedet.

Und da wir nun schon wieder bei den Kosenamen sind: Wenn jemand als »meine Spinne« angeredet wird, dann sind wir nicht vollkommen überrascht zu erfahren, dass die »liebste Ursula« ihrem Bernard das Leben offenbar nicht leicht gemacht hat. Doch die farbenfrohen Bilder mussten schließlich jemandem abgequält werden.

Ursula S▓-B▓

Liebste

Ursula,

meine

Spinne,

in soviel Jahren
uns gequält und
dann doch Deine
Bilder, so wunderbar
in Deiner farbigen Poesie.

Das war auch mein Leben
von 1949 bis zum 9. April 1999

Bernard S▓

Die Trauerfeier fand im engen Kreis statt.

Rita van H

geb. B   . In Hüls am 18. März 1946 kamst Du auf die Welt. In der K-Bahn am 18. Juli 1969 trafen sich sich unsere Augen. In Krefeld am 24. April 1970 sagten wir ja zueinander für eine lange Weile, nicht aus Langeweile. Stuttgart und Düsseldorf und Neuss. Philipp und Vera gesellten sich in dieser Zeit zu uns. In Neuss am 22. Juli 2012 musstest Du gehen. Dreiundvierzig Jahre mit Dir. Zwei Jahre nun ohne Dich. Du fehlst uns, Du bist bei uns, wir lieben Dich . . .

. . . .Herbert
Philipp und Vera
22. Juli 2014

Ihre Augen trafen sich erstmals in der »K-Bahn«, das ist die Stadtbahn, die von Düsseldorf über Meerbusch nach Krefeld fährt. Herbert ruft zum zweijährigen Todestag noch einmal die wichtigsten Stationen in Erinnerung.

GERDA IST TOT

Gerda R   , geb. W
* 6. August 1940   † 30. Mai 2020

Die meistgereiste Frau Deutschlands
(nach MTP-Ranking) ist auf ihrer allerletzten,
längsten Fahrt – nach fast 56-jähriger Ehe
erstmals ohne mich, der ich ihr nachreisen werde.

Urnenbeisetzung in Maisach –
von Beileidsbekundungen bitte ich abzusehen.

KLAUS D. R

Dass die Verstorbene als »meistgereiste Frau Deutschlands« gelten darf, teilt Ehemann Klaus den interessierten Lesern mit. Den meisten dürfte bis dahin unbekannt gewesen sein, dass es auch für das Reisen ein Ranking gibt (MTP steht für »most traveled person«). Die Reiselust haben die beiden geteilt, denn Klaus R. lässt durchblicken, dass er immer dabei war und daher vermutlich auch recht ordentlich »gerankt« sein dürfte. In der Kategorie »mitreisender Ehemann« belegt er ohnehin die Spitzenposition.

H▬

Linde
1936 – 2019

Dieter
1932 – 2019

Danke.

Euer Markus

Weit gereist sind offenbar auch Linde und Dieter H. – und das mit der »Queen Mary«. Sohn Markus dankt mit einer grafisch überaus schlüssigen Anzeige.

Marianne + Hermann
B

Auch bei Marianne und Hermann B. setzen die Angehörigen auf die Kraft des Bildes und treten selbst nicht weiter in Erscheinung.

Wir vermissen Euch sehr.

26. September 2011

Eine berührende, zugleich aber doch trostspendende Mitteilung schicken Ilse und Jens. Und auch das Foto der beiden lässt erahnen, warum sie schreiben, es sei »nicht traurig«. Und ihre Angehörigen aber eben doch »sehr traurig« sind.

Wir haben das Licht ausgemacht.

Es war bis zum letzten Atemzug schön.
Eine Trauerfeier findet nicht statt, es ist nicht traurig.

Ilse und Jens

Wir sind sehr traurig Christiane und Karl-Heinz K

Ich bin sehr traurig und zutiefst enttäuscht, dass ich nach dem Tode meines Mannes

Broder Heinrich M

erfahren musste, wie gemein ich belogen und hintergangen wurde.

Trotzdem danke ich allen, die mit reinem Herzen um ihn trauern können.

Gabriele M

Nicht immer gestalten sich Paarbeziehungen derart einvernehmlich. Und manchmal stellt sich die bittere Wahrheit erst nach dem Ableben des Partners heraus.

> *Im Grunde sind es immer die Verbindungen mit Menschen, die dem Leben seinen Wert geben. Mein lieber Ehemann hat großes Verständnis, dass ich an einen ganz besonderen, wunderbaren Menschen erinnern möchte.*
> *Danke für 10 gemeinsame Jahre.*
>
> *In Memoriam*
>
> **Prof. Dr. Gernot G▒▒▒**
> * 7. Februar 1924   † 2. Februar 2005
>
> *Christin*

Das Kontrastprogramm erwartet uns in dieser Anzeige: Christin schaltet eine liebevolle Anzeige für den Ex-Mann. Und der aktuelle Ehemann ist ganz und gar einverstanden.

> Er war der Hauptgewinn meines Lebens.
> Jetzt liegt kein Gewinn mehr vor.
>
> **Andreas O▒▒▒**
> *16. 3. 1964   † 23. 8. 2020
>
> **Anke**
> P.S. Ich liebe Dich ganz doll.

Anke hat eine ungewöhnliche Idee, um die Sache mit dem Hauptgewinn ihres Lebens sinnfällig zu machen. Sie hat die Todesanzeige mit Lotto-Tippreihen hinterlegt. Die Partnerwahl ist bis zu einem gewissen Grad eben auch ein Glücksspiel. Und weil beim Lotto der Hauptgewinn einen schlagartig reich macht, ahnen wir, was sie erst gewonnen und nun verloren hat.

Ein paar Wochen später erscheint die Dankesanzeige. Und die verrät: Anke und Andreas sind vom Fach. Ihr Tabakladen, der nun schließen muss, war ganz gewiss auch eine Lottoannahmestelle. Bleibt nur die Frage: Wer ist Ingolf?

> # Andreas O
> * 16. 3. 1964 † 23. 8. 2020
>
> mh... was soll ich sagen...
>
> # DANKE
>
> für jeden Brief, jedes Wort,
> jedes Schweigen, jeden Blick,
> jede Berührung und Umarmung.
> Ihr habt recht, das Leben geht weiter...
> Meins auf meine Weise...
>
> Ohne Andreas kann ich euch leider
> nicht mehr gerecht werden.
> Deshalb schließe ich unser Geschäft
>
> ## TABAKWAREN O
>
> **am 31. 9. 2020
> nach fast 50 Jahren.**
>
> Seht es mir nach.
>
> **Anke**
>
> P.S.: Mein besonderer Dank gilt Ingolf

Und da Anke den Tabakladen tatsächlich schließen musste, war eine dritte Lotto-Anzeige fällig. Bleibt nur die Frage: Wer ist Paule? Und was macht eigentlich Ingolf?

> # TABAKWAREN O
> schließt am Mittwoch, dem 30. 9. 2020,
> um 18.00 Uhr.
>
> **Danke Paule für unser Leben.**

Kathrin
(meine Uschi)

... Bis wir uns
wiedersehen ... ❤❤

Das WIR verlieren war klar,
aber nicht DICH und nicht DU!

Ohne Dich steht die Welt still.

In tiefer Liebe,
Meli (deine Bärbel) & die drei Zwerge

Eine gleichfalls nicht ganz leicht zu entschlüsselnde Verlustanzeige hat Meli, aka »deine Bärbel«, für Kathrin aka »meine Uschi«, aufgegeben.

Christiane

Wir warn 2 Detektive...

In Liebe: **Barbara**

Zwei Detektive, die nur der Tod trennen konnte. Und wir anderen wissen wieder nicht, wovon überhaupt die Rede ist. Doch solange Liebe im Spiel ist, gehen verdeckte Ermittlungen in Ordnung.

Die Anzeige für Dieter G. erscheint 25 Jahre nach seinem Tod. Wegen der deutschen Teilung konnten Dieter und Birgit kein gemeinsames Leben führen. Und das beschäftigt Birgit noch immer.

Erinnerungen, die unser Herz berühren, gehen nicht verloren

Dieter G

* 27. 7. 1941   † 19. 05. 1987

Ich sehe es als Schicksal, es begann alles so schön.

Aber die Mauer stand zwischen uns, sie war zu hoch und wir haben es nicht geschafft, diese zu überwinden.

Und dann gingst du fort, zu früh. Die Mauer fiel und ich konnte dich trotzdem niemals mehr wiedersehen.

In lieber Erinnerung Birgit

Ich wüsste so gerne, wie es ihm in den Jahren 1983 – 1987 ergangen ist. Dies wäre mir so wichtig. Vielleicht kann mich jemand verstehen und sich bei mir melden. E-mail: @freenet.de
telefonisch ab 30. 5. 2012 – Mobil 0152

Am 18. Juli 1940 wurden in Bochum zwei Mädchen geboren. Es waren Zwillinge.

Beide hingen wie die Kletten zusammen, so war es das ganze Leben. Wenn eine krank wurde, hatte die andere es auch bald. Beide hatten eine sehr starke Bindung zueinander. Die eine von den Mädchen wurde Margret genannt, die andere Christel.

Nun, am 18. April 2018, starb die Christel um ca. sechs Uhr im Krankenhaus in Bochum. Meine Frau Margret, mein Schnubbelchen, starb um ca. sieben Uhr im Krankenhaus in Mühlhausen. Beide Zwillinge wurden an einem Tag geboren und starben an dem selben Tag.

In unendlicher Liebe zu meinem Schnubbelchen, die für mich alles war.

Margret L

* 18. Juli 1940 † 18. April 2018

Dein dich liebender Schatz (Mucki)

Für meine Schwägerin (Schwägerchen) nehme ich auch in Liebe und Dankbarkeit für immer Abschied

Christel S

18. Juli 1940 † 18. April 2018

Schnubbelchen und Christel, Ihr beide werdet immer in meinem Herzen bleiben.

In der Anzeige für Margret L. und Christel S. geht es gleich um zwei Paarbeziehungen. Denn nicht nur Margret, aka »Schnubbelchen«, und ihr Mann »Mucki« waren innig verbunden. Die beiden Zwillingsschwestern Margret und Christel waren es auch.

Fritz komm, es ist Zeit für uns zu gehen...

Anneliese und Fritz wurden als Zwillinge in Schmolsin / Pommern geboren, lebten 60 Jahre tausende Kilometer entfernt und sind jetzt wieder zusammen, indem sie in der gleichen Stunde die Augen für immer geschlossen haben.

Anneliese M   Friedrich (Fritz) K

geb. Klick

geb. am 11.11.1930
Schmolsin / Pommern

gest. am 3.2.2015 um 9.55 Uhr   gest. am 3.2.2015 um 9.45 Uhr
Pretoria / Südafrika   Braunschweig

Beschließen möchten wir dieses Kapitel mit einer weiteren erstaunlichen Zwillingsanzeige. Die überbrückt sogar zwei Kontinente.

»Meiky ging über die Regenbogenbrücke«
Haustiere und ihre Mitmenschen

In der Welt der Todesanzeige haben sie sich mittlerweile einen festen Platz erobert: die Hunde, die Katzen und die vielen anderen Kleintiere, die von ihren Besitzerinnen und Besitzern geliebt, verhätschelt, vermenschlicht und betrauert werden. Außerdem wird den Haustieren vermehrt eine neue, sagen wir: aktivere Rolle zugedacht. Waren sie früher fast ausschließlich diejenigen, um die getrauert wurde, finden sie sich nun vermehrt unter den Trauernden und Trostspendenden.

Diese Doppelrolle zeigt sich in der Anzeige für Urte B. Hund Robbie erscheint nicht nur unter den Hinterbliebenen. Werner B. findet auch eine treffende Bezeichnung für ihn als »seelische Anlehne«. Gemeinsam nehmen sie Abschied, Herr und Hund. Kein menschliches Wesen soll diesen Schmerz teilen.

Ich habe sie so geliebt.

Urte B
geb. M
* 28.12.1940 † 14.03.2015

Wir sind ganz traurig.
Werner B
und Hund „Robbie" die seelische Anlehne

Ich nehme mit „Robbie" alleine Abschied.
Bitte keine Besuche oder Anrufe.

---

*Gott weiß warum,
auch wenn wir es nicht verstehen!*

Meine liebe Frau, meine „Mutti", unser Alles hat uns verlassen.

Hildegard V

* 17. 11. 1941   † 20. 10. 2015

*Es fehlen uns Worte, ihre Liebe, Zuneigung und Fürsorge zu beschreiben.
Danke, wir haben Dich unendlich geliebt und werden Dich ewig weiter lieben, Du bleibst für Ewig in unseren Herzen.*

*Peter S
Maximilian (Papagei)
und Angehörige*

Auch Papagei Maximilian ist Teil eines trauernden Duos. Das »Wir« schließt ihn ausdrücklich mit ein.

Im Fall von »Frauchen Evelin« haben sich die Verhältnisse von Mensch und Tier sogar umgekehrt: Nun ist es Hündin Chica, die stellvertretend das Wort ergreift und an die Verstorbene richtet. Es sind die Menschen, die mehr oder weniger still mittrauern.

Mein Frauchen Evelin.
Nach schwerer Krankheit wurdest Du erlöst
und bist friedlich eingeschlafen.
Merkst Du, wie meine Pfoten mit aller Zärtlichkeit
rumwühlen in der schönen Vergangenheit?
Merkst Du, wie ich belle beim Gedanken daran,
dass wir uns wiedersehen, irgendwann?
Mach Dir keine Sorgen,
bei meiner neuen Familie fühle ich mich geborgen.

Deine Chica

Wir vermissen Dich
Dein Fritz (Fred), Gerd und Belinda
und alle Freunde

Helga B▮
geb. W▮
* 7. Juli 1928 † 1. April 2015

Ferdi und Emmi unser, die ihr Eure Tochter empfangt, von Oscarchen behütet bis ich Euch folge und sich unser Kreis wieder schließt.

Verzeih, daß ich Dir die allerletzte, allerschwerste Reise nicht abnehmen konnte.

In Liebe, Dein Strop

Ulrike Emmi B▮

Renate und Jochen F▮

Die Beerdigung erfolgte im Kreis ihrer Liebsten im Familiengrab Ferdi und Emmi W▮ auf dem Gerresheimer Waldfriedhof.

Auch in der Familie B. ist es offenbar Hund Strop, dem die Aufgabe zugedacht wird, die rechten Worte zu finden. Dabei zeigt Strop erkennbares Talent zum Laienprediger.

Unser Frauchen Moni ist tot.
Wir vermissen Dich.

Rocky und Oscar

Bei Rocky und Oscar kennen wir nicht einmal die Tierart ganz genau. Doch ist anzunehmen, dass es sich gleichfalls um trauernde Hunde handelt. Menschen kommen nicht mehr vor unter den Trauernden.

So ist es auch bei Maria. Doch hier ist es die ganze Tierwelt, die den Tod einer großen Kümmerin bestürzt zur Kenntnis nimmt. Stellvertretend zeichnen Putzi, Rocky und Django. Der Illustration nach zu urteilen, handelt es sich bei mindestens zwei von ihnen um Vögel.

Und ein Raunen
geht durch die Tierwelt:

 - Maria lebt nicht mehr -
- Das ist schade -

Für alles, was kreucht und fleucht:
Putzi, Rocky und Django

Im Falle der Heidelberger Tierfreundin Dorle ergreift Kater Anton das Wort, um sich formvollendet und mit Genderstern für die gemeinsamen Jahre zu bedanken.

Tschüss, Dorle

Danke für viele gemeinsame Jahre und unendlich viele Stunden deiner ehrenamtlichen Hilfe für verwilderte Hauskatzen in der Region.

Den Mitarbeiter*innen des Straßenkatzen e.V. bleibst du unvergessen.

Kater Anton
im Namen aller, die dir nahestanden

Heidelberg, im Juni 2020

Stinker - Dein letzter Weg.

Diese Zeilen widme ich meinem treuesten Freund. 15 Jahre hast Du meinen Weg begleitet mit unerschöpflich viel Zutraulichkeit und Verbundenheit. Dein einzigartiges Wesen erzeugte eine so unglaublich tiefe Freundschaft zwischen Tier und Mensch, dass es kaum in Worte zu fassen ist. Es schien, als könnte uns nichts in der Welt auseinander bringen. Doch dann kam die Krankheit. Den Kampf um Dein Leben, den sollten wir verlieren. Mit großer Würde und Tapferkeit bist Du Deinen letzten Weg gegangen. Es war so schwer, los zu lassen. Denn als Du gingst, ging ein Stück von mir, das nun für immer verloren ist. Deine Liebe trage ich fest in meinem Herzen.

In großem Schmerz und Dankbarkeit...
...**für Stinker (Starfield)**

Birgit & Arno   Mai 2013

Birgit und Arno haben den Verlust von »Stinker« zu beklagen. Ein Name, der so gar nicht zu dem »einzigartigen Wesen« zu passen scheint, das seinen »letzten Weg« angetreten hat.

Zum 1. Jahresgedenken erinnern wir an unsere liebe

Kessie
† 10.07.2017

Deine kleinen Pfoten haben große Spuren in unseren Herzen hinterlassen!

Du fehlst uns.

Claudia, Torsten und Janchen

Kater Kessie bekommt eine Gedenkanzeige mit Foto spendiert.

Klaus wählt hingegen ein etwas krummes Datum, um an seinen Hund Ranger zu erinnern und auf die Fortdauer seiner Trauer hinzuweisen.

381 Tage

Ranger
* 31.10.2004 † 27.12.2012

Tränen sind getrocknet
Mein Herz weint immer noch in Liebe

Klaus

1. Notfallmeldehund

Cora
v. d. Stablalm
* 4. 10. 2001
† 5. 12. 2012

DANKE

Gitty O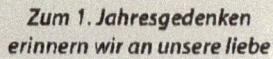

Vergleichsweise sachlich distanziert dankt Gitty O. dem Notfallmeldehund Cora von der Stablalm für seinen Einsatz. Aber immerhin.

Die Besitzer von Hund Meiky verwenden das bei Tierfreunden sehr beliebte Bild der »Regenbogenbrücke«, um uns über sein Ableben zu informieren. Für alle, die mit diesem Motivkreis nicht so vertraut sind: Die Regenbogenbrücke führt geradewegs ins Tierparadies, wo sie viel Auslauf haben und immer ausreichend zu fressen finden. Mit anderen Worten: Für viele der wohlbehüteten Vierbeiner ändert sich eigentlich gar nicht so viel.

Meiky
ging in der Nacht zum Nikolaus über die Regenbogenbrücke

Die Besitzer sind unendlich traurig.

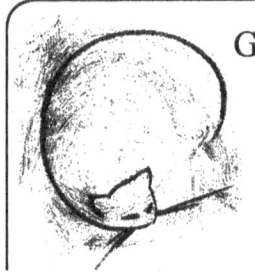

Geliebte PAULINE
01.04.1997 – 24.01.2014

Du hast Dich durch mein Leben geschnurrt.
Unvergessen.
Mit Dir ging ein Stück von mir.

Klaus W
Martina E
Roswitha G

Klaus W. verabschiedet sich von seiner Katze Pauline mit einer sehr schönen, mild ironischen Formulierung. Nach unserer Einschätzung hat sie das Zeug dazu, von vielen Katzenfreunden übernommen zu werden, die sich gleichfalls von ihren liebenswerten »Schnurrern« beglückt ausnutzen lassen.

"Als Hund war er eine Katastrophe, aber als Mensch ist er unersetzlich"
J. Rau

Rüdiger

13.5.2001 4.10.2014

Du warst durch und
durch ein Dackel,
dickköpfig und voller
Eigenheiten.
Wir wollten
keinen Moment
mit Dir missen.
Du fehlst uns so sehr!

Dein Rudel

Die Aussage über den dickköpfigen Dackel Rüdiger erfreut den Tierfreund. Was spielt es da für eine Rolle, dass sie vom ehemaligen Bundespräsidenten Johannes Rau stammt und seinem Riesenschnauzer Scooter galt? Eine gute Idee erkennt man daran, dass sie geklaut wird, wusste schon Rudi Carrell. Und der hat die Formulierung vom Arzt und Aphoristiker Gerhard Uhlenbrock übernommen.

Und Gott nahm eine Hand voll von der Nacht, und streute sie durch das Marschland. Und darauf stand er nun, dunkel und schwarz von Kopf bis Schweif. Schwarz wie die Nacht, die es schuf. Ein stolzer Kopf, eine wallende, schwarze Mähne, große Hufe mit Behang. Beine, die sich wie Federn senken und heben. Eine kraftvolle Haltung – die Haltung eines Königs, eines Königs der Nacht, des Dunkels: Der König der schwarzen Freiheit.
Wir vermissen Dich!

Nicht nur die kleinen Tiere werden betrauert. Auch das stolze Ross inspiriert seine Besitzer nach seinem Ableben zu hymnischen Höhenflügen. Und alles, ohne dass Namen genannt werden.

Zurück zu den Kurzbeinern: Heinz-Dieter D. wird vor allem als Dackelfreund gewürdigt. Seine beiden Lieblinge krönen denn auch seine Anzeige.

Dass Dir der Hund das Liebste sei,
sagst Du, oh Mensch, sei Sünde.
Der Hund bleibt Dir im Sturme treu,
der Mensch nicht mal im Winde.

Nie wieder wirst Du
Deinen Garten sehen
und mit Deinen beiden
Dackeln spazieren gehen.

Erlöst

Heinz-Dieter D

* 19. März 1943 † 17. Dezember 2011
Bochum Lübeck

Wir sind sehr traurig

Christa D , geb. L
Erna L

Ob Hans-Georg M. einen engeren Bezug zu Vögeln gehabt hat, muss offenbleiben. Vermutlich hat Ehefrau Rösel das Foto der beiden Schwalben als eine Art Symbolbild eingesetzt. Wobei es so friedlich gar nicht aussieht.

Mein lieber Mann ist für immer friedlich eingeschlafen.

Hans-Georg M

* 4. März 1937 † 31. August 2018

In stiller Trauer:
Rösel M

Und da wir schon bei symbolträchtigen Vögeln sind, darf hier »der Friedhofsrabe« nicht fehlen, dem in der Anzeige für Rudolf W. ein Gedicht gewidmet wird. Warum? Womöglich stammen die Verse vom Verstorbenen selbst. Immerhin wird dem Raben noch ein Bild spendiert, sodass dem Vogel mehr als nur dekorative Bedeutung zukommt.

Angelockt vom frischen Grabe,

flog heran der Friedhofsrabe.

Schon erfahr'n auf dem Gebiet,

krächzt' er ihm ein Abschiedslied.

Rudolf W

26.11.1956 – 26.01.2016

Geliebter Ehemann, Vater, Sohn und Bruder. Wir werden Dich sehr vermissen.

Auch das kommt vor: Das Tier im Menschen muss gewürdigt werden. Da gibt es gar nicht so wenige Anzeigen und gar nicht so wenige Tiere, denen sich die Verstorbenen besonders verbunden fühlten: von der Dogge über das Erdmännchen bis zur Hummel. Besonders beeindruckt hat uns aber das folgende Beispiel.

Wir vermissen Deinen einmaligen Witz, Deine Fußballleidenschaft, den Wetterfrosch und den Gorilla in Dir.

Du hast Musik in unser Leben gebracht und ganz unerwartet ist es still geworden.

Fritz K

* 30. März 1936   † 10. März 2014

In unendlicher Liebe und Dankbarkeit

Anna und Lisa
Anja mit Florian
Peter und Annegret
Cholly und Hans-Walter
Nike mit Toni und Leo
Birgit und Peter
sowie alle Angehörigen

Unser letztes Beispiel zeigt: Der Mensch ist nicht nur der Tierwelt innig zugetan. Auch Pflanzen haben unsere Sympathie und Zuneigung verdient. Und damit Anspruch auf eine liebevoll gestaltete Todesanzeige. Wie die für die Tanne Alexandra, die neben dem Elternhaus von Bettina J. gnadenlos zu Fall gebracht wurde und nun mit einem rührenden Gedicht geehrt wird. Der Name des Nadelbaums ist nicht zufällig gewählt. In den 1960er-Jahren hatte die Sängerin Alexandra großen Erfolg mit dem sentimentalen Lied »Mein Freund der Baum«. Darin heißt es: »Mein Freund der Baum ist tot.« Was aber heute noch Menschen Tränen in die Augen treibt: Im Jahr der Veröffentlichung starb Alexandra bei einem Autounfall.

Tanne Alexandra

gepflanzt 1950   aus dem Leben gerissen 29. Februar 2020

Ganz selbstverständlich warst Du da,
in meiner Kindheit Jahr um Jahr.
Neben dem Haus meiner Eltern hieltst Du Wacht,
und kein Sturm der Welt hat Dir was ausgemacht.
Doch der Mensch mit seiner Macht,
hat dich gnadenlos zu Fall gebracht.
Ich konnte nichts machen,
nicht retten dein Leben,
die Eltern im Jenseits mögens mir vergeben.

In Gedenken
Bettina J, geb. L
Rohrfeldstraße 11, 77694 Kehl

»Und grüße uns John Wayne!«
Der Nachschlag

Zum Abschluss möchten wir noch einige feine Stücke präsentieren, die wir in den vorangegangenen Kapiteln nicht untergebracht haben, von denen wir aber meinen, dass sie in dieses Buch hineingehören. Mit einem Wort, jetzt kommt der Nachschlag, die Zugabe, der Rausschmeißer.

In stiller Trauer nehmen wir Abschied von unserem Bruder, Schwager und Onkel

Bernhard H̄ (El Lute)

geb. 23. 04. 1940   gest. 16. 04. 2016

Im Namen aller Angehörigen
Wolfgang H̄ und Familie
Uwe H̄ und Familie

Darunter finden sich Anzeigen, bei denen ein unscheinbares Detail Anlass gibt, zu den Hintergründen nachzuforschen oder herumzufantasieren. In der Anzeige für Bernhard H. ist es sein Beiname, der Aufmerksamkeit verdient. »El Lute« wurde der spanische Volksheld, Dieb und Ausbrecher, Widerständler und spätere Rechtsanwalt Eleuterio Sánchez Rodríguez genannt. Eine Art spanischer Robin Hood, Gegner des Diktators Franco, Autor mehrerer Bücher, Titelheld eines üblen Actionfilms und eines Nummer-Eins-Hits der Discopopgruppe »Boney M.« von 1979, in der deutschen Version gesungen von Michael Holm: »Sie nannten ihn El Lute«. Als er schon berühmt war, wurde dem echten »El Lute« angeboten, in einem Werbespot für Tresore mitzuwirken. Doch er lehnte ab: Denn in dem Spot sollte »El Lute« daran scheitern, den Geldschrank zu knacken. Wir meinen, das muss ein interessanter Mann gewesen sein, der Bernhard H.

Auch in unserer zweiten Anzeige geht es um Namen. Der Lieblingsspruch von Hans Gerd B. lässt darauf schließen, dass er nicht gerade ein Trauerkloß gewesen sein dürfte. Mit »Dr. Kunter« kann eigentlich nur der langjährige Torwart der Frankfurter Eintracht, Dr. Peter Kunter, gemeint sein. Der reaktionsschnelle, promovierte Zahnarzt stand von 1965 bis 1976 zwischen den Pfosten und wurde in der Mannschaftsaufstellung nicht ohne Stolz als »Dr. Kunter« aufgeführt.

Wer einen Fluß überquert, muss die eine Seite verlassen.

Wir behalten

Hans Gerd B

* 27. 11. 1939   † 2. 3. 2013

in liebevoller Erinnerung.

Zum Abschied rufen wir dir deinen Lieblingsspruch zu:
„Halt dich munter, Dr. Kunter."

In stiller Trauer:

Ingeborg H   **und Familie**
Petra H   **und Familie**

Jeder hat so seine eigenen Helden. Und seien es Revolverhelden. Und doch überrascht bei Hubert M. das handschriftlich eingetragene Postskriptum.

Einschlafen dürfen, wenn man müde ist, das ist eine köstliche, eine wunderbare Sache.

Schweren Herzens verabschieden wir uns von dem humorvollsten Vater und Lebensgefährten der Welt.

Hubert M

* 27. 12. 1934 † 5. 5. 2010

Wir werden Dich sehr vermissen:
**Käthe
Frank und Ghennadij
Nicole und Holger
Oliver und Ramona
Dietmar und Angelika mit Thomas**

Und grüße uns John Wayne!

Selig sind, die nicht sehen und doch glauben.
Joh. 20, 29

Unsere langjährige, von uns sehr geschätzte und geliebte Mieterin, ist am 21.05.2013 sanft eingeschlafen.

Helga F

Wir werden sie sehr vermissen

Ursula und Karl S

Dass Vermieter für ihre Mieterin eine Traueranzeige schalten, ist schon ungewöhnlich genug. Aber dass beide Parteien in Liebe verbunden waren, mag man in Zeiten von Mietpreisbremse und neuer Heizkostenverordnung kaum glauben.

Unser langer, gemeinsamer Lebensweg ist zu Ende.

Norbert H. H. S

Oberingenieur/seinen Doktortitel verlieh ihm Amerika
* 23. 10. 1931   † 30. 1. 2012

Fürth

In Liebe und Dankbarkeit: **Ursula S
Deine Kinder Jörg und Andrea
sowie alle Anverwandten**

Todesanzeigen sind auch der Ort, an dem besondere Verdienste der Verstorbenen gewürdigt werden. So wie bei Oberingenieur Norbert H. H. S., der obendrein noch einen einzigartigen Doktortitel verliehen bekommen hat. Nicht etwa von einer Universität (wie beispielsweise Dr. Kunter), sondern von einem ganzen Kontinent. Das wirft Fragen auf.

Bei Walter R. bleibt hingegen nicht unerwähnt, dass er sowohl die Lizenz zum Jagen als auch zum Autofahren besessen hat. Und auch das Motto spricht für nicht allzu überspannte Erwartungen an das Leben.

*Egal, wie lange man lebt,
Hauptsache ist, man hat das Leben gelebt.*

Walter R

**Jagd-/Falknerscheinbesitzer
und Inhaber der Führerscheinklasse 3**

* 24. September 1964   † 8. Januar 2015

Danke für die supertolle Zeit!!!
Gabi mit **Lisa** und **Tina**
im Namen aller Angehörigen

Wir trauern um
HELMUT D
* 31. 8. 1946   † 19. 3. 2013
Wir verabschieden uns von einem lebensfrohen und
liebenswerten Menschen.
Seine geliebten Bücher und Fotoalben trug er immer bei sich und
genoss seinen Apfelkuchen.
Wir werden ihn in guter Erinnerung behalten!
**Bewohnerinnen und Bewohner der Wohngemeinschaft Oewerweg
Mitarbeiterinnen, Mitarbeiter und Vorstand der Lebenshilfe Bremen e. V.**

Bei Helmut D. ist nicht einmal sicher, ob er einen Führerschein der Klasse 3 besessen hat. Dafür war er offenbar ein sympathisch-bescheidener Lebenskünstler. Ein Apfelkuchengenießer, bei dem jedoch unklar bleibt, wer da alles um ihn trauert.

Liebe Paula K

Rauchende Stimmungskanone mit Hang zu Diätpralinen. Ein liebevolles Porträt, das »die Blaumeier« von Paula K. zeichnen.

Deine unverwechselbare Lache
war unsere GuteLauneDroge,
so wie für Dich die Diätpralinen
und das gute Zigarettchen
nicht fehlen durften!

Jetzt fehlst Du uns!

In tiefer Verbundenheit
Deine Blaumeier

Ein inniges Verhältnis zum Bier dürfte Richard Leonhard W. gehabt haben. Zwar ist unsicher, ob der Gottesbeweis vom Verstorbenen selbst geführt wurde. Doch einen Verächter des Gerstensafts würde man wohl kaum mit diesem überschäumenden Motto verabschieden.

Bier ist der überzeugendste Beweis dafür, dass Gott den Menschen liebt und ihn glücklich sehen will.

Richard Leonhard W

* 14. September 1950 † 12. Dezember 2019

Du wirst uns sehr fehlen.
In Liebe

Sofia, Ferdinand und Melanie,
Rita, Toni
und Angehörige

Michael (STEINI) S

geb. 25. Januar 1947 gest. 26. August 2013

Wir betrauern einen Kollegen und Kumpel,
der seinem Leiden nach nur 8 Wochen Kampf erlegen ist.

Wir fühlen mit seinem Sohn, seiner Schwiegertochter
und seinen 2 kleinen Enkeln.

Wir hoffen, dass es im Himmel Konserven gibt.

giassou – güle-güle – arrividerci – so long

Von einer ungewöhnlichen kulinarischen Vorliebe kündet die Anzeige für Michael »Steini« S.

Auf sympathische Weise erhellend, die Fülle des eigenen Lebens an der Entwicklung der häuslichen Beleuchtung festzumachen. Und am Ende steht die Sparleuchte. Dann vielleicht doch lieber Rückkehr zum Petroleum.

Inge E

geb. B

* 9. November 1926 † 4. Dezember 2019

"Ich habe von der Petroleumlampe bis zur
Energiespar-Leuchte alles erlebt."

Heute verstarb nach einem erfüllten Leben
unsere liebe Mami.

In Liebe und Dankbarkeit nehmen wir Abschied.

Dr. Karin E
Dr. Heidemarie E
Anverwandte und Freunde

Strg-Alt-Entf ... R.I.P.

Marius B

log in 04. 05. 1990   log out 05. 07. 2015

Danke, dass Du da warst!

Du wirst mir auf der Erde fehlen, aber im Himmel werde ich für immer bei Dir sein.

In Liebe, Dein Onkel

Herwig :-)

Brüder sind wir.
Brüder bleiben wir.

Christoph – Chris – K

* 20. April 1982   † 27. April 2015

AFK4EVER / RE RE in eternity

8 Jahre lang haben wir Höhen und Tiefen geteilt, unseren Traum vom Glück Realität werden lassen – und dabei unfassbar viel Spaß gehabt.
Auf deinem letzten Weg durfte ich dich nicht begleiten.
Das macht mich unsagbar traurig – in Erinnerung bleiben die wunderbaren Jahre.

Dein Bruder *Mr. Grey*
mit *Princess*
sowie *J, D* und *M*

Eine Anzeige ganz auf der Höhe der Zeit: Der computeraffine Onkel Herwig verabschiedet sich von seinem Neffen Marius mit dem unter Usern wohlbekannten »Geiergriff«: Mit der Tastenkombination Strg+Alt+Entf werden Programme beendet, die nicht mehr reagieren. Der Bildschirm wird dunkel, doch das Tröstliche ist: Der Computer wird neu gestartet. Vor diesem Hintergrund nicht weiter überraschend, dass Geburts- und Sterbedatum von Marius als »log in« und »log out« bezeichnet werden.

Die Begriffe von Onkel Herwig mögen in einer Todesanzeige ungebräuchlich sein. Doch sind sie den meisten Lesern vertraut. In der Anzeige für Christoph K. wird von seinem Bruder »Mr. Grey« schon schwereres Geschütz aufgefahren: AFK4EVER ist eine Abkürzung, die nur Online-Gamern geläufig sein dürfte. Sie steht für »Away from Keyboard forever«. Wenn man als Computerspieler kurzzeitig die Tastatur verlassen muss (und deshalb nicht unmittelbar reagieren kann), teilt man das seinen Mitspielern mit »AFK4« mit und dann folgt eine Zeitangabe – meist in Minuten: 4 min. »RE« tippt man ein, wenn man wieder zurückgekehrt (»returned«) ist.

#Her Too

Der Glanz deiner Augen ist für immer erloschen.
Die ständig wiederkehrenden Schmerzen
deiner verletzten Seele waren zu stark.
Danke, dass du solange gekämpft hast und für uns da warst.

Cheryl
P... -N...

* 25. 5. 1958   † 31. 1. 2018

Die vielen guten Erinnerungen an dich werden uns trösten
und Mut zum Leben geben.

Unter dem Hashtag (#) »Me Too« machten viele Frauen in den sozialen Netzwerken darauf aufmerksam, dass »auch sie« sexuell belästigt worden waren. Nämlich ebenso wie die Frauen, die vor allem nach dem Skandal um den Filmproduzenten Harvey Weinstein ihre eigenen Erfahrungen berichtet hatten. Es liegt nahe, den Hashtag »Her Too« in der Anzeige für Cheryl P.-N. in diesem Sinne zu verstehen.

Ali ★ Alexander W...

19. Januar 1979 - 25. November 2006
unvergessen
deine Freund*innen, deine Familie*

Der Genderstern wird uns künftig sicher aus vielen Traueranzeigen entgegenleuchten. Die Freund*innen und Familie* von Ali*Alexander W. legen schon mal vor. Und zwar so üppig, dass sich manche Leser*innen fragen werden, ob hier vielleicht der eine oder andere Stern zu viele Frühlingsgefühle abbekommen hat.

*Der Drache ist untergetaucht
und hat keinen Nutzen,
die Kraft der Lichtseite ist verborgen.*
Hexagramm 1. Qian. Yijing, das Buch der Wandlungen

Dr. Frank F

* am 7. Juni 1939 in München   † am 13. Juli 2004 in Berlin
unter Merkur/Neptun Opposition

Unter keinem guten Stern gestorben ist Dr. Frank F., nämlich unter einer Merkur/Neptun-Opposition. Und auch das chinesische Orakel verkündet Untergang und Düsternis. Für die eigene Todesstunde vielleicht nicht ganz unpassend.

Zeitgemäße Erweiterung der Todesanzeige: Wer wissen möchte, wie die Sopranistin Birge S. gesungen hat, kann den QR-Code einscannen. Da eröffnen sich ungeahnte Möglichkeiten.

Birge S
geb. B

* 19. September 1933   † 5. November 2013

68535 Edingen-Neckarhausen

Prof. Dr. Bernt S
Götz S und Christine S -D
mit Felix und Finja
Uta S und Bettina P

Die Trauerfeier findet am Mittwoch, den 13. November 2013, um 13 Uhr in der Friedhofskapelle in Edingen statt. Anstelle von Blumen bitten wir um eine Spende an den Palliativverein am Diakoniekrankenhaus Mannheim e.V., Spendenkonto 025 958 000, BLZ 670 700 24, Deutsche Bank Mannheim.

So hat sie gesungen: J. S. Bach, „Jauchzet Gott in allen Landen", 22. 5. 1976
www.jauchzet-gott.de

Die Hinterbliebenen von Mutter, Oma, Freundin Jana K. verlieren nicht viele Worte. Wer Näheres über die Verstorbene erfahren will, kann ja ihre (inzwischen offensichtlich abgeschaltete) Homepage besuchen.

Während in den konventionellen Todesanzeigen Tiefgründiges zur Sprache kommt, stellt Renate recht prosaische Überlegungen an. Dadurch bekommt die Sache eine unerwartete Leichtigkeit.

Unerwartete Leichtigkeit auch bei diesem Stück. Die Vorstellung lässt einen schmunzeln, dass sich jemand nach der Bekanntgabe des amtlichen Endergebnisses der Bundestagswahl mehr oder weniger beruhigt zum Sterben niederlegt. Aber es zeigt wohl auch: Ingrid M. war ein politisch interessierter Mensch.

Aus dem Jenseits meldet sich Jolanda S. – ein Jahr nach ihrem plötzlichen Tod. Bemerkenswert auch der Hinweis auf Dieter und die beiden Hundedamen, denen die Sache deutlich näherzugehen scheint als der Verstorbenen.

JOLANDA S

1946 – 2021

Vor 1 Jahr, am 5.1.2021, bin ich zu Hause durch einen Sekundentod mitten aus dem vollen Leben gerissen worden. Für mich ein unerwarteter aber kurzer, schmerzloser Abschied, jedoch für Dieter und unsere beiden Hundedamen war diese plötzliche Trennung eine grosse Herausforderung, diese Endgültigkeit anzunehmen.

Ich sage «Tschüss» und danke euch allen von Herzen für die vielen tollen Stunden mit euch zusammen. Haltet mich so in Erinnerung, wie ihr mich gekannt habt.

Eure Jolanda S
* * * * * * * * * *

Auch bei der Anzeige für Ursula B. H. liegt der Verdacht nahe, dass der hinterbliebene Ehemann Hans beim Formulieren seine Finger mit im Spiel gehabt hat. Dafür sprechen vor allem die Instruktionen im letzten Absatz.

Ursula B H

20. Juni 1943 – 3. Januar 2009

Nun habe ich sie bezogen, meine Wolke 7 …
… hier ist es sonnig, ruhig und friedlich – und ich darf für immer oben bleiben.

Nach einem lebenslangen Abenteuer habe ich mich nun hierher zurückgezogen – ich halte inne und blicke auf ein reiches Leben zurück.

Weine nicht, dass sie vergangen,
freue dich, dass sie gewesen.

Abdankungsfeier: Freitag, den 23. Januar 2009, um 14.00 Uhr in der Augustinerkirche, Bahnhofstrasse 40, 8001 Zürich.

Statt Blumen zu spenden, gedenke man meines Mannes Hans mit Einladungen und Besuchen (bei denen Schokolade mitgebracht werden darf). Damit Hans alle Einladungen und Besuche wahrnehmen kann, wäre es schön, diese würden über die nächsten Jahre kontinuierlich bei ihm eingehen.

Günter F

*19. 8. 1931 † 29. 4. 2022

Funcki hat jetzt den Deckel zugemacht.
Sein letzter Gruß an Euch:
„Macht's gut, Ihr Lieben. Es war schön mit Euch.
Seid nicht traurig. Denkt lieber an die
vielen fröhlichen - und guten - Stunden,
die wir miteinander erleben durften."

Familie F

Bevor der Deckel zugeht, prostet uns »Funcki« noch mit einer letzten Botschaft zu. Und wir fragen uns, ob einer seiner Hinterbliebenen zum Zeichenstift gegriffen hat, um die Sache zu illustrieren.

Unser Kapitel und unsere Auswahl beschließen wir mit den kühlen, knappen Worten, mit denen sich Erik T.-R. von den geneigten Leserinnen und Lesern verabschiedet. Was es noch hinzuzufügen gibt, das erfahren Sie im Nachwort von Christian Sprang.

DAS WAR'S DANN ...

Erik T -R

* 19. Oktober 1954   † 1. Oktober 2017

Idar-Oberstein, im Oktober 2017

Nach- und Dankeswort des Sammlers

Die Todesanzeigen in diesem Buch sind die Früchte meiner Sammeltätigkeit seit Erscheinen unseres letzten Bandes »Ich mach mich vom Acker« im Herbst 2013. Aus weit über 10 000 Stücken, um die meine Sammlung in dieser Zeit gewachsen ist, habe ich für Matthias Nöllke eine Longlist der besten 1600 Anzeigen präpariert. Es hat Freude bereitet, die Endauswahl der schließlich gezeigten gut 300 Stücke und ihre Kapitelzuordnung zu diskutieren. Und wir hoffen sehr, dass Sie, liebe Leserinnen und Leser, den Spaß, aber zugleich auch die nachdenklichen Momente mit uns teilen werden, die wir bei der Entstehung der »tapferen Leber« hatten.

Seit über 50 Jahren lese ich und seit mehr als 30 Jahren sammle ich nun Todesanzeigen. Vieles hat sich seitdem an den gesammelten Stücken, aber auch am Sammeln selbst verändert. Bestand meine Sammlung anfangs ausschließlich aus Zeitungsausschnitten bzw. -ausrissen, erreichen mich zwei Drittel der Neuzugänge inzwischen in digitaler Form, sei es als Link zu elektronischen Zeitungsseiten, als Scan oder Foto. Dabei bringt die digitale Revolution mit der privaten Zugänglichkeit leistungsstarker Bildbearbeitungssoftware auch Probleme in Form von »fake obituaries« mit sich. So können einige Lachnummern aus sozialen Medien, die mir übermittelt werden, einer Echtheitsprüfung nicht standhalten. Eine verbreitete und recht professionelle Fälschung ist zum Beispiel das folgende Stück:

> Nach einem überaus harten und qualvollen Leben hat
>
> Herr
>
> # Josef L▓▓▓▓▓
>
> * 02. 03. 1955
>
> am 15. April 2019 endlich seine Ruhe gefunden.
>
> Die Beerdigung seiner Frau Mathilde findet am Freitag den 19. April um 14.00 Uhr auf dem Hauptfriedhof statt.

Viel interessanter sind die Fälle, in denen offensichtlich echte, mit verifizierbaren Daten versehene und nachweislich in Zeitungen abgedruckte Anzeigen mit running gags geschmückt sind. So haben wir in unserem zweiten Buch »Wir sind unfassbar« folgendes Stück gezeigt:

Ruhe sanft auf allen Seiten,
wenn's noch reicht auf Wiedersehen.

Für uns alle unfaßbar verstarb plötzlich und unerwartet unser lieber Vater, Sohn, Bruder, Schwager und Opa, Herr

Ernst-Friedrich N

im Alter von 54 Jahren.

Die trauernden Hinterbliebenen:
Silvia, Anita, Ingrid N
Hilde N (Mutter)
Familie W. E und Frau
Gabriele geb. N
Familie J. T und Frau
Erika geb. N
und seine treue Gefährtin
Frau Maria D

Zu dem auf den ersten Blick unerklärlichen Motto hatte uns Einsender Heinz H. aus Bensheim aufgeklärt, dass es sich dabei um die Weisung an den Bestatter zur Beschriftung der Kranzschleifen gehandelt habe. Diese sei dem Text der Todesanzeige beigefügt gewesen und wurde vom Setzer der Zeitung versehentlich für deren Sinnspruch gehalten. Über dieses wohl nie wirklich stattgefundene Missgeschick hat man, wie eine Notiz in Victor Klemperers Tagebuch »Curriculum Vitae 1881 – 1918« belegt, schon im Deutschen Kaiserreich als Witz gerne gelacht.

Auch in diesem Buch findet sich unter den beruflichen Anzeigen (siehe Kapitel »Wer kennt noch dieses zweihändige Arbeitswunder«, S. 69) ein ähnlich bemerkenswertes Stück. Die Hinterbliebenen eines Schornsteinfegers haben – und dafür ist wieder die Echtheit verbrieft – den seit Jahrzehnten aus einem einschlägigen Witz bekannten Spruch »Er kehrt nie wieder« als Motto über die Anzeige ihres Verstorbenen gesetzt.

Auch als langjähriger Sammler von Todesanzeigen steht man bei derartigen Einsendungen immer wieder vor echten Rätseln. Die Motive, die Hinterbliebene zur sprachlichen oder optischen Gestaltung von Traueranzeigen geführt haben, teilen sich des Öfteren nicht mit – aber genau das macht ja auch den Reiz der Sache aus. Gleichgeblieben ist in all den Jahren des Sammelns jedenfalls meine Faszination davon, dass Todesanzeigen so unterschiedlich wie die Verstorbenen und ihr Leben sind und deshalb immer neue Überraschungen bergen.

Auch dieses Mal wäre ich ohne die vielen Beiträgerinnen und Beiträger zu meiner Sammlung niemals in die Lage gekommen, meinem Mitautor Matthias Nöllke so viele starke, lesens- und betrachtenswerte Todesanzeigen vorlegen zu können. Nicht ich als Zusammenträger und nicht Matthias als Autor der verbindenden Texte, sondern die Finderinnen und Finder der Stücke mit ihren scharfen Sinnen sind die eigentlichen Heldinnen und Helden, denen dieses Buch zu verdanken ist. Deswegen ist es mir auch etwas unangenehm, dass ich in den letzten Sammeljahren nicht genau genug Buch geführt habe, um an dieser Stelle eine vollständige Beiträgerliste zu veröffentlichen. Hierfür möchte ich bei allen zu Unrecht unterschlagenen Zuschreibern an dieser Stelle unbedingt Abbitte leisten. Stellvertretend für alle sei aber zumindest einigen ganz besonders treuen Beiträgerinnen und Beiträgern herzlich gedankt, nämlich

- Joachim Guth für das Teilen seiner exquisiten Kollektion
- Ursula Weber, Stefan und Ulrike Erdmann, nicht nur für immer wieder vorzügliche Anzeigen, sondern auch für Extrarecherchen bei den Westfälischen Nachrichten
- Heidi Studer, Martin Stüber und Hermann Bruno pars pro toto für meine Schweizer Stammlieferanten
- Dörte El-Sarise für die unermüdliche Nachverfolgung des Hamburger Abendblatts
- Margit Schröer, Annett Barsch, Tina Ehmke, Dieter Schreml und Johann Lang für jahrelange Qualitätsbelieferungen

Schon im Nachwort unseres ersten, 2009 erschienenen Todesanzeigenbüchleins »Aus die Maus« habe ich das Bonmot von Dizzy Gillespie zitiert: »Jeden Morgen nehm' ich die Zeitung und seh' die Todesanzeigen durch. Wenn mein Name da nicht steht, mach' ich einfach so weiter wie bisher.« Das Sammeln ungewöhnlicher Traueranzeigen wird bei mir auch nach dem Erscheinen dieses Büchleins weitergehen – und alle seine Leserinnen und Leser sind natürlich herzlich eingeladen, mir ihre alten oder neuen Fundstücke zukommen zu lassen (einfach per E-Mail an todesanzeigen@gmx.de oder per Post an den Verlag Kiepenheuer & Witsch, KiWi Paperbacks – Stichwort: Todesanzeigen –, Bahnhofsvorplatz 1, 50667 Köln). Ob es dann in etlichen Jahren auch noch eine fünfte Sammlung ungewöhnlicher Todesanzeigen in Buchform geben wird, muss sich aber erst zeigen. Versprechen tun wir nichts – wenn wir aber an Ihrer Resonanz spüren können, dass Ihnen unsere »tapfere Leber« sehr gefallen hat, dann wollen wir auch nichts ausschließen!

Wiesbaden, im März 2022
Christian Sprang

»Und am Anfang war er so beliebt.«

Wer Todesanzeigen genau liest, findet große Gefühle, Rätselhaftes, Skurriles – und sehr viel Komik. Diese Bücher stellen die interessantesten Fundstücke vor. Sie zeichnen ein ungewöhnliches Bild vom Leben und Sterben in diesem Land, das zu tröstender Erkenntnis und befreiendem Lachen führt. Schließlich gilt, wie es in einer Anzeige steht: »Wer nicht stirbt, hat nie gelebt.«